地区经济指标预测方法
与 **Python** 实践

DIQU JINGJI ZHIBIAO YUCE FANGFA YU Python SHIJIAN

姚成武　周　弘 ◎ 著

甘肃科学技术出版社

甘肃·兰州

图书在版编目(CIP)数据

地区经济指标预测方法与Python实践 / 姚成武，周弘著. -- 兰州 : 甘肃科学技术出版社，2024. 9.
ISBN 978-7-5424-3240-7

Ⅰ.F127.42-39

中国国家版本馆CIP数据核字第2024R9V485号

地区经济指标预测方法与Python实践

姚成武　周　弘　著

责任编辑　何晓东

封面设计　李万军

出　版　甘肃科学技术出版社

社　址　兰州市城关区曹家巷1号　　730030

电　话　0931-2131570(编辑部)　　0931-8773237(发行部)

发　行　甘肃科学技术出版社　　　印　刷　甘肃兴业印务有限公司

开　本　889毫米×1230毫米 1/32　印　张　7.5　插　页　2　字　数　180千

版　次　2024年9月第1版

印　次　2024年9月第1次印刷

印　数　1~1500

书　号　ISBN 978-7-5424-3240-7　　定　价　68.00元

前　言

　　本书是甘肃省重点研发计划"甘肃省投资监测预测平台开发及应用"项目的研究成果,项目编号23YFGA0017。

　　经济预测是从经济发展的历史和现状出发,运用特定方法估计和推测经济趋势,为政府和企业等提供前瞻性见解。经济预测伴随人类经济活动的产生而出现,现代数据科学和人工智能的快速发展将经济预测推向了新的阶段,大数据分析、机器学习等先进技术的运用大幅提升了经济预测能力。

　　甘肃省投资监测预测平台项目的关键技术难点在于预测方法比选和模型构建。为尽可能较为全面地评估不同预测方法对地区经济指数据的适用性,本书选用1978—2022年甘肃省统计年鉴中的29项经济指标数据,重点讨论了时间序列、回归分析和人工智能三大类25个方法模型,并基于statsmodels和keras等库进行了建模和测试。三类预测方法分类存在部分交叉,只是基于大多数研究和

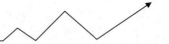

应用场景的习惯分类,以及本书对方法和模型组织的需要。

通过方法模型对比研究,甘肃省投资监测预测平台采用循环神经网(RNN)和长短期记忆网络(LSTM)构建了预测模型,实现对固定资产投资项目数量和投资额的预测。同时,本书也为不同方法模型在经济社会发展其他领域的应用提供了借鉴。

作　者
2024 年 4 月

目　录

1　地区经济指标预测概述

经济预测是从经济运行的历史和现状出发,推测和估计未来一段时间内经济活动发展状况和趋势的复杂过程。它利用历史数据、统计分析、经济学理论以及数学模型等工具,通过对宏观经济指标(如GDP、通货膨胀率、失业率、国际贸易额等)和微观经济行为(如企业利润、消费者支出、市场供需等)的研究,来描绘出未来的经济图景。经济预测的价值在于帮助政府、企业和投资者进行决策,而不是追求绝对精确的未来刻画。经济预测不仅涵盖国家内部的各项经济变量,也包括国际经济环境的变化,例如全球经济增长、国际贸易条件、汇率波动、资本流动等方面,需要综合考虑政策因素、技术进步、市场预期、自然灾害、政治事件等各种影响经济走势的因素。

由于经济系统具有高度复杂性和不确定性,人的主观判断、突发性事件以及经济主体的行为反馈等因素都会影响预测的准确性。因此,尽管经济预测提供了重要的参考依据,但还是会存在一定的误差,需要不断更新和完善预测方法,包括使用更先进的数据分析技术和动态模型,同时也要反思和修正过去的预测误差来持续提升预测质量。

1.1 经济预测的发展阶段

经济预测作为一个实践领域和学术研究方向,大致经历了以下几个阶段:

(1)早期萌芽阶段:经济预测活动的历史可以追溯到古代社会中人们对农业收成、商品价格走势等简单地预测,当时主要依赖经验和观察自然周期。近代初期,随着统计学的初步发展,人们开始尝试利用统计数据来分析和预测经济活动。

(2)古典与前凯恩斯主义时期:19 世纪末至 20 世纪初,随着工业化的推进和资本主义经济体系的形成,经济学家们开始关注宏观经济变量的变化规律,比如国民收入、物价水平等,此时的预测方法相对简单,侧重于长期趋势分析。

(3)大萧条与凯恩斯主义兴起:1929 年全球经济大萧条之后,凯恩斯提出了宏观经济调控理论,强调政府在经济中的作用,这使得经济预测变得更加重要,尤其在理解和控制经济周期波动方面。

(4)第二次世界大战后及战后重建期:二战后的重建工作需要大量经济预测以支持国家层面的规划和恢复计划。在此阶段,定量分析方法逐渐成熟,计量经济学作为一门独立学科快速发展,经济模型构建和模拟预测技术开始广泛应用。

(5)计算机时代的来临:20 世纪 50 年代以后,随着计算机技术的进步,复杂的大规模经济模型得以建立并快速运算,例如投入产出模型、宏观经济计量模型等,极大地提高了经济预测的精度和效率。

(6)现代经济预测体系形成:进入 21 世纪,经济预测不仅包括传统的宏观经济预测,还包括了微观经济、行业经济、地区经济等多种层次和类型的预测。数据科学和人工智能的发展也深刻影响了经济预测领域,大数据分析、机器学习等先进技术被用于处理海量实时数据,提高了对经济动态的实时监测和预测能力。

1.2　地区经济指标预测的意义

国民经济指标是从国家层面出发,衡量整个国家经济总体运行状态的统计数据,主要的国民经济指标包括国内生产总值(GDP)、消费者物价指数(CPI)、就业率与失业率、进出口等。地区经济指标是对省份、城市或县区等特定行政区域的经济运行状况进行度量的一系列数据,主要包括地区生产总值(GRP)、产业增加值、就业率与失业率等。地区经济指标预测对地方经济发展具有重要的意义:

(1)决策支持。地区经济指标预测提供了关于地区经济增长等关键信息,为地方合理规划城市布局、基础设施建设、产业发展战略以及资源配置提供科学依据,确保决策的有效性和针对性。

(2)风险预警与管理。预测可以揭示潜在的经济风险,如地区经济衰退、市场饱和、资源短缺等问题,便于及时采取措施防范和化解风险,保障区域经济的平稳运行。

(3)资源配置优化。根据预测结果,政府和企业能够更精准地配置人力、财力和物力资源,引导社会资本流向潜力行业和地区,提升整体经济效益和社会效益。

(4)吸引投资和促进增长。经济预期可以增强投资者信心,展示地区发展潜力,吸引更多外来投资,促进地区经济持续健康发展。

(5)社会民生保障。地区经济预测不仅是对区域未来经济发展趋势的科学预判,更是指导当地经济社会全面协调可持续发展的有力工具。

1.3 经济预测方法的分类

经济预测方法可以根据不同的原则和侧重点进行多种分类。

(1)定性预测与定量预测。定性预测基于经验、专业知识和主观判断,不依赖大量具体的数据,主要用于探索发展趋势或模式。例如,专家调查法、德尔菲法、主观概率预测法、判断预测法等。定量预测利用数学模型和统计技术,通过分析历史数据来预测未来趋势。这种方法要求有足够的数据支持,并且能够量化关系。例如,时间数列法、指数平滑法、回归分析法、灰色系统预测法、ARIMA模型、组合预测法、人工神经网络预测法等。

(2)按预测范围分为宏观经济预测、微观经济预测、部门经济预测、地区经济预测和世界经济预测。宏观经济预测预测整个国家或地区的总体经济状况,包括GDP增长率、失业率、通货膨胀率、贸易收支等。微观经济预测预测个别企业或行业的经济活动,如销售额、利润、市场份额、产品需求等。部门经济预测针对特定行业或经济部门,如制造业、房地产业、金融业等。地区经济预测针对特定地理区域的经济发展情况。世界经济预测涉及跨国界的全球经济活动和相互影响。

(3)按预测时效可分为短期预测、中期预测和长期预测。短期预测通常指未来几个月到一年内的预测,期间内经济体系基本结构相对稳定。中期预测期限在1~5年,其间可能包含一些结构性变化。长期预测超过五年以上的预测,这类预测更侧重于分析潜在的根本性变革和技术进步的影响。

(4)按经济变量状态可分为静态经济预测与动态经济预测。静态经济预测是假设所有经济变量保持不变或短期内不受外部冲击影响下的预测。动态经济预测是考虑经济系统随时间演变和内部机制交互作用的预测,通常涉及经济变量之间的反馈效应和结构调整过程。

（5）按预测依据可以分为数据驱动预测和理论模型预测。数据驱动预测是主要依赖历史数据和统计分析的预测。理论模型预测基于经济理论构建模型进行预测,这些模型可能包含复杂的经济原理和假设条件。

本书以1978—2022年甘肃省统计年鉴数据为基础,按照时间序列方法、回归分析方法、人工智能方法三部分进行组织,主要讨论定量预测方法。这种分类讨论方法主要考虑到方法和模型的组织,不同的类别下的方法和模型按不同划分标准可能存在交叉,如时间序列方法、回归分析方法中的大部分使用了机器学习算法,但本书未将机器学习方法单独成章;循环神经网络（RNN）、长短期记忆网络（LSTM）等深度学习方法也适用于时间序列,但为便于组织和对比研究,本书将深度学习放到一起讨论;将回归方法分为线性回归和非线性回归,非线性回归方法不包括含有自回归成分的时间序列方法。

1.3.1　时间序列方法

时间序列是一个按照时间发生的先后顺序排列的数据序列,记录一个或多个变量在不同时间点上的观测值。时间序列分析用于研究和预测随时间变化的数据序列的行为模式,特别适用于能够按照时间顺序收集到的历史数据,如金融市场的交易数据、气象记录、销售数据、产品产量、能源消耗量等,能够发掘数据随时间变化的模式、趋势、周期性和随机性等特点,并基于这些特征构建模型来进行预测。

一个典型的时间序列包含时间标识和观测值,时间标识是每个观测值对应的具体时间点;观测值是在对应时间点上记录的变量数值,可以是连续的(如温度、销售额)或离散的(如网站访问次数)。时间序列分析的重点是趋势、季节性、周期性和随机波动。趋势(Trend)是数据序列中持久且方向性的上升或下降运动,揭示了数据随时间增长或减少的长期变化。季节性(Seasonality)指数据在固定时间段内重复出现的模式,如月份、季度或年份内的周期性波动。周期性(Cyclicity)通常涉及不规则或者较长的周期,例如经济周期。随机波动(Irregularity or Noise)是无法用趋势、季节性或周期性解释的短期随机变化。

常用的时间序列分析方法包括以下几种:

(1)移动平均法:通过计算过去一段时间窗口内的平均值来平滑数据,以提取趋势或减小随机波动的影响。

(2)指数平滑法:递归地应用加权平均,其中最新的观测值得到最大的权重,以适应数据的变化趋势。

(3)自回归模型(AR):利用序列自身的滞后值来预测未来的值。

(4)移动平均模型(MA):利用过去误差项(即残差)的均值来预测未来值。

(5)自回归移动平均模型(ARMA):结合 AR 和 MA 两者的优势,既考虑历史观测值的影响,又纳入随机扰动项的历史效应。

(6)自回归整合移动平均模型(ARIMA):结合了自回归、差分(使序列变得平稳)和移动平均的过程。

(7)季节性 ARIMA(SARIMA):在 ARIMA 的基础上增加了处理季节性变化的组件。

(8)自回归积分移动平均与外生变量 ARIMAX:在 ARIMA 的基础上加入了外生变量作为额外的预测因子。

从数据特征看,时间序列又可以分为随机时间序列和确定性时间序列。在确定性时间序列中,未来的观测值可以根据过去的观测值以及一组明确的规律或函数关系准确预测出来,这些序列往往具有趋势、季节性和周期性等特征,且不包含不可预知的随机成分。确定性时间序列分析通常涉及识别并提取序列中的长期趋势、季节性波动和循环模式,并通过数学模型(如指数平滑法、移动平均法等)来拟合这些模式,从而对未来的值进行预测。

随机时间序列则包含无法完全用确定性规律解释的随机变量组成的序列。在随机时间序列中,即使知道了过去的所有信息,未来值仍存在不确定性,因为它们受到随机影响或噪声的影响。随机时间序列分析通常利用统计学方法和概率论来建模序列的随机性部分,例如自回归模型(AR)、移动平均模型(MA)、自回归移动平均模型(ARMA)、自回归积分移动平均模型(ARIMA)、广义自回归条件异方差模型(GARCH)等都是用来处理随机时间序列的常用模型。

确定性时间序列强调的是系统内部的可预测结构,而随机时间序列则关注的是那些尽管有明显趋势或周期性但依然含有不可预测成分的数据。在实际应用中,大多数真实世界的时间序列数据都同时包含确定性和随机性因素,因此需要结合两者的特性来进行综合分析。作为对比和研究,本书对随机时间序列和确定性时间序列的方法和模型都进行了讨论。

1.3.2　回归分析方法

回归分析主要用于探究并建立因变量与一个或多个自变量之间的数学模型关系,这种模型关系不仅能够帮助我们基于现有数据对因变量未来的走势进行精准预测,而且还能深层次地揭示隐藏在各个自变量与因变量背后的因果互动规律。回归分析能对混淆变量进行识别与控制,即在构建模型的过程中,能够系统性地排除那些可能扭曲真实关系的无关变量的影响,确保所得到的统计推断和结论具备高度的准确性和可靠性。回归分析的核心理念在于寻找一条最佳拟合线或者一个最贴切的超平面,这条线或超平面基于实际数据集中的观测值通过计算和优化过程得出,能最大程度地体现和描述因变量随着自变量变化的平均趋势。这一趋势揭示了自变量变化时,因变量如何相应改变的规律性特征,为我们在复杂多变的现象背后发现稳定的规律提供了有力工具。

回归分析主要包括线性回归和非线性回归,线性回归又包括一元和多元。一元线性回归只涉及一个自变量和一个因变量,用直线方程来描述它们之间的关系。多元线性回归包含两个或更多个自变量,寻找一个超平面(多项式方程)来预测因变量。当因变量与自变量之间的关系不是线性时,可以使用非线性函数来建模,例如指数函数、对数函数、幂函数等,本书还讨论了最小绝对收缩与选择算子(LASSO)、岭回归(Ridge)、向量自回归(VAR)等非线性回归方法及其机器学习模型。回归分析还包括一些特殊类型,如逻辑回归主要用于解决分类问题而非连续数值的预测,泊松回归适用于计数型因变量的预测,序数回归处理有序类别数据的预测问题。

回归分析的主要工作和步骤包括:

(1)拟合优度:衡量模型对观测数据的解释程度,常用指标如决定系数 R^2。

(2)参数估计:通过最小二乘法或其他优化方法估计模型中的系数。

(3)假设检验:测试模型参数是否显著不为零,以及模型整体的有效性。

(4)残差分析:查看模型预测误差的分布情况,检验模型的假定是否得到满足,比如残差是否独立、正态分布及具有恒定方差等。

(5)预测和推断:利用模型对未来观测值进行预测,或者对未知变量的效应进行推断。

1.3.3 人工智能方法

经济指标是衡量经济发展的重要参照,对于政府决策、企业战略规划以及个人投资决策等都具有重要意义,基于统计学和经济学的理论模型的传统经济指标预测方法在面对复杂的经济环境和大量数据时存在一定的局限性。数据科学和人工智能的快速发展,使得大数据分析、机器学习在经济预测领域得到深入应用,通过高效处理和解析大量数据,发现隐藏的关联性和规律性,提供更加精准和及时的预测结果,已经成为经济预测的核心方法。以下特点是这种发展趋势的关键因素:

(1)数据驱动预测:AI能够高效地处理大量多维度的经济数据,通过算法训练模型以识别数据中的复杂模式和潜在趋势,挖掘隐藏的关联性和模式,提升预测模型的全面性和精细度,比传统的统计模型能更好地反映现实世界的复杂性。

(2)非线性关系建模:许多经济现象涉及非线性关系,AI模型不受传统线性模型假设的约束,能够捕获并利用这些非线性关系,从而提高预测准确性。

(3)自动化和实时更新:AI模型能够实时监测数据变化并自动更新预测结果,减少了人为干预带来的延迟和主观偏差,提高了预测的时效性。

(4)实时更新和自我学习:AI模型具有实时更新的能力,当新的经济数据出现时,模型可以不断学习和优化,提高预测的时效性和有效性。

（5）复杂关系建模：AI可以捕获并分析经济变量之间的复杂非线性关系，克服了传统模型在处理高度非线性和动态系统的局限性。

（6）模型的可解释性和透明度：虽然早期的人工智能模型面临解释性不足的问题，但随着技术进步，现代AI方法正在努力提高模型的可解释性，使其预测结果更具说服力。

机器学习是AI的一个分支，神经网络和深度学习是机器学习的一个分支，也有的分类方法将机器学习和深度学习并列。此处我们根据经济预测的特征，重点讨论机器学习和深度学习。

1.3.3.1　机器学习

机器学习（Machine Learning, ML）是AI的一个分支，研究如何使计算机系统无需明确编程就能从数据中学习和改进性能，即系统通过数据学习并改进算法，而无需进行显式的编程。机器学习算法从训练数据集中自动提取特征，并基于这些特征构建模型来对新数据进行预测或分类，模型能够通过经验自我调整和优化，从而解决各种问题和执行特定任务。机器学习模型的结构通常较为简单，或者说是浅层模型，不包含多级非线性变换的层级结构。相比深度学习，很多机器学习算法在计算资源需求上相对较低，训练速度快，尤其适用于小型数据集或实时性要求较高的场景。在复杂问题上，传统的机器学习模型需要人工设计和选择特征输入模型进行特征工程，泛化能力不如深度学习模型强大。

机器学习按照学习方式通常可以细分为以下几个主要类别：

（1）监督学习：算法基于带有标签的数据集进行训练，即每个样本都有对应的输出结果。目标是学习从输入变量到输出变量的映射关系，以便对未知的新数据进行预测。监督学习可进一步分为分类任务和回归任务。分类模型用于预测离散类别标签的模型，如逻辑回归、支持向量机（SVM）、决策树、随机森林和K近邻（KNN）等。回归模型用于预测连续数值的目标变量，如线性回归、多项式回归、岭回归、Lasso回归、ElasticNet回归、支持向量机回归和梯度提升回归树等。

（2）无监督学习：算法处理没有标签或目标输出的数据，发现数据内部的结构、模式或分布。常见的无监督学习任务包括聚类、降维和关联规则学习。聚类模型用于发现数据中的内在结构和群组，如K-means、层次聚类、DBSCAN、谱聚类等。降维模型用于简化数据的复杂性并保持其主要特征，如主成分分析（PCA）、独立成分分析（ICA）、多维缩放（MDS）、t-SNE和自编码器（Autoencoders）等。关联规则学习用于发现数据项之间的有趣关联和频繁模式，典型算法是Apriori。

（3）半监督学习：半监督学习介于监督和无监督之间，数据集中同时包含有标签和无标签的数据，算法试图利用有限的标签信息来推断整个数据集的结构和规律。常见模型包括主动学习、协同训练、迁移学习、标签传播等。

（4）强化学习：强化学习是一种让智能体通过与环境互动，在试错过程中学习最优策略的方法。智能体会根据行动的结果获得奖励或惩罚信号，并据此更新其行为策略，以最大化长期累积奖励。如Q学习、SARSA、深度Q网络（DQN）、策略梯度方法（Policy Gradient Methods）等。

1.3.3.2 深度学习

深度学习（Deep Learning, DL）是机器学习的一个分支，它主要依赖于人工神经网络（Artificial Neural Networks, ANNs），特别是多层神经网络结构来实现学习过程。深度学习的核心是通过多级非线性变换自动地从原始输入数据中抽取高阶抽象特征，每一层都

可能发现更复杂的模式,从而使得模型具有更好的表示能力和泛化能力。因此,深度学习的核心优势在于其强大的特征学习能力,它可以从原始输入数据中自动学习和提取多层次的抽象特征,而不需要人工进行特征工程。

常用的深度学习模型主要有以下几类:

(1)前馈神经网络(Feedforward Neural Networks,FNN):信息仅向前传递,不包含循环或反馈机制,包括多层感知器(Multilayer Perceptron,MLP)等。

(2)卷积神经网络(Convolutional Neural Networks,CNN):特别针对图像和时空数据设计,通过卷积层捕获局部特征和空间/时间相关性,广泛应用于图像分类、物体检测、语义分割等领域。

(3)循环神经网络(Recurrent Neural Networks,RNN):适合处理序列数据,如文本、音频和时间序列数据,因为它们可以保留过去的信息并通过循环结构进行状态更新,如长短期记忆网络(Long Short-Term Memory, LSTM)和门控循环单元(Gated Recurrent Unit, GRU)。

(4)自编码器(Autoencoders,AE):由编码器和解码器组成,用于学习数据的低维表示(潜在空间),常用于降维、生成、去噪等任务。

(5)生成对抗网络(Generative Adversarial Networks,GAN):由生成器和判别器两个网络构成,互相博弈以产生高质量的新样本,主要用于图像生成、风格迁移、数据增强等领域。

(6)变分自编码器(Variational Autoencoders,VAE):结合概率统计方法与自编码器结构,同样用于生成任务,但更注重学习数据的概率分布。

(7)强化学习中的深度学习模型:如深度Q网络(Deep Q-

Networks,DQN）、策略梯度方法（Policy Gradients）等，应用于游戏、机器人控制等需要智能体基于环境反馈学习策略的问题。

（8）注意力机制网络（Attention Mechanisms）：注意力机制网络是一种添加到其他模型中的机制，不是单独的一种模型，比如Transformer模型利用自注意力机制在NLP领域取得了突破性成果。

（9）深度强化学习模型：结合深度学习和强化学习，解决复杂的决策问题，例如AlphaGo系列模型在棋类游戏中取得的成功。

机器学习模型或者深度学习模型的选择，取决于任务的复杂性、可用数据量、计算资源以及对模型解释性的需求等因素。在许多现代应用中，深度学习模型因其优异的表现和自动化特征学习能力而成为首选，但在某些特定场景下，简单且易于解释的机器学习模型仍具有不可替代的优势。

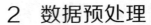

2 数据预处理

本书采用甘肃省统计局和国家统计局官方公布的1978—2022年甘肃省经济社会发展数据,主要包括国民经济核算、价格、能源、固定资产投资、对外经济贸易等方面29项指标。数据结构见表2-1。

表2-1 甘肃省经济数据结构

序号	数据名称	数据英文简称	单位
1	年份	year	年
2	地区生产总值	GRP	亿元
3	固定资产投资	Invest	亿元
4	第一产业	PI	亿元
5	第二产业	SI	亿元
6	第三产业	TI	亿元
7	农林牧渔业	Agriculture	亿元
8	工业	Industry	亿元
9	建筑业	Construction	亿元
10	批发和零售业	Wholesale	亿元
11	交通运输、仓储和邮政业	Transport	亿元
12	房地产业	RealEstate	亿元
13	进出口总额	TIE	亿元
14	能源生产量	TEP	万吨标准煤

序号	数据名称	数据英文简称	单位
15	能源消费量	TEC	万吨标准煤
16	电力消费量	eConsumption	亿千瓦时
17	居民消费价格指数	CPI	%
18	工业生产者出厂价格指数	PPI	%
19	地区生产总值增长率	rGRP	%
20	投资增长率	rInvest	%
21	第一产业增长率	rPI	%
22	第二产业增长率	rSI	%
23	第三产业增长率	rTI	%
24	农林牧渔业增长率	rAgriculture	%
25	工业增长率	rIndustry	%
26	建筑业增长率	rConstruction	%
27	批发和零售业增长率	rWholesale	%
28	交通运输、仓储和邮政业增长率	rTransport	%
29	房地产业增长率	rReal Estate	%

加载数据如下,运行结果见表2-2、表2-3、表2-4和表2-5。

```
import pandas as pd
df=pd.read_excel('data.xls', sheet_name='data')
print(df)
```

表2-2 甘肃省1978—2022年经济数据

年份	地区生产总值	固定资产投资	第一产业	第二产业	第三产业	农林牧渔业	工业
year	GRP	Invest	PI	SI	TI	Agriculture	Industry
1978	64.73	9.30	13.21	39.04	12.48	13.21	34.66
1979	67.51	11.22	12.89	40.98	13.64	12.89	36.90

年份	地区生产总值	固定资产投资	第一产业	第二产业	第三产业	农林牧渔业	工业
year	GRP	Invest	PI	SI	TI	Agriculture	Industry
1980	73.90	12.65	16.46	39.85	17.59	16.46	35.25
1981	70.89	14.10	17.63	35.30	17.96	17.63	31.33
1982	76.88	15.69	19.68	38.54	18.66	19.68	33.63
1983	91.50	18.91	27.65	42.92	20.93	27.65	37.52
1984	103.17	24.51	27.83	49.98	25.36	27.83	43.65
1985	123.39	33.90	33.08	58.81	31.50	33.08	50.54
1986	140.74	40.42	38.02	65.27	37.45	38.02	56.01
1987	159.52	47.91	45.27	68.40	45.85	45.27	58.26
1988	191.84	59.54	52.77	81.33	57.74	52.77	67.28
1989	216.84	51.19	59.01	91.79	66.04	59.01	77.62
1990	242.80	59.35	64.06	98.33	80.41	64.06	83.93
1991	271.39	68.59	66.55	111.91	92.93	66.55	97.19
1992	317.79	85.13	74.20	128.66	114.93	75.32	110.21
1993	372.24	122.08	87.43	159.96	124.85	88.88	136.74
1994	453.61	159.05	103.87	198.67	151.07	105.59	174.56
1995	557.76	194.67	110.65	256.83	190.28	112.67	226.29
1996	722.52	214.83	188.12	311.98	222.42	191.13	276.37
1997	793.57	264.39	190.21	337.79	265.58	193.76	286.70
1998	887.67	331.01	202.76	373.43	311.48	206.73	311.26
1999	956.32	384.08	191.84	410.07	354.42	196.21	326.99
2000	1052.88	441.35	194.10	421.65	437.13	199.18	327.60
2001	1125.37	505.42	207.96	458.07	459.35	213.55	355.51

年份	地区生产总值	固定资产投资	第一产业	第二产业	第三产业	农林牧渔业	工业
year	GRP	Invest	PI	SI	TI	Agriculture	Industry
2002	1232.03	575.83	215.51	501.69	514.83	221.30	389.38
2003	1399.94	655.07	238.00	572.24	589.70	244.39	452.32
2004	1653.61	776.26	283.32	680.27	690.02	287.00	549.52
2005	1864.63	913.66	304.28	772.24	788.11	308.41	633.32
2006	2202.97	1062.58	329.83	972.50	900.64	334.51	818.27
2007	2675.12	1320.79	365.93	1254.14	1055.05	390.98	1070.21
2008	3071.70	1668.16	391.24	1429.93	1250.53	418.60	1197.09
2009	3268.26	2228.66	418.39	1473.24	1376.63	447.31	1214.03
2010	3943.73	2928.46	472.61	1910.35	1560.77	501.73	1613.76
2011	4816.94	3880.21	525.60	2288.63	2002.71	558.26	1947.15
2012	5393.12	4842.51	590.94	2493.31	2308.87	626.71	2107.12
2013	6014.53	5941.76	658.10	2674.04	2682.39	698.34	2262.55
2014	6518.39	7023.15	695.77	2823.26	2999.36	739.69	2374.32
2015	6556.55	7627.15	733.37	2505.41	3317.77	780.74	2031.55
2016	6907.91	8260.20	800.75	2483.50	3623.66	834.46	1995.53
2017	7336.74	5220.45	859.75	2515.75	3961.24	896.00	2020.50
2018	8104.07	5016.85	926.05	2761.64	4416.38	962.28	2253.41
2019	8718.30	5347.96	1059.33	2862.42	4796.55	1097.15	2319.75
2020	8979.67	5765.10	1188.09	2824.84	4966.74	1227.29	2265.39
2021	10243.31	6405.03	1364.80	3451.24	5409.46	1406.84	2835.35
2022	11201.60	7051.94	1515.32	3945.04	5741.25	1561.34	3297.20

表 2-3　甘肃省 1978—2022 年经济数据

年份	建筑业	批发和零售业	交通运输、仓储和邮政业	房地产业	进出口总额	能源生产量	能源消费量
year	Construction	Wholesale	Transport	RealEstate	TIE	TEP	TEC
1978	4.38	3.23	4.55		0.59		
1979	4.08	3.26	4.83		0.59		
1980	4.60	3.27	6.86	0.09	0.59		
1981	3.97	3.50	7.07	0.60	0.89		
1982	4.91	3.74	7.18	0.10	0.89		
1983	5.40	4.07	8.63	0.11	1.02		
1984	6.33	5.14	10.16	0.12	2.06		
1985	8.27	7.36	11.40	0.13	3.79		
1986	9.26	9.33	12.71	0.13	5.94		
1987	10.14	10.67	15.67	0.17	6.83		
1988	14.05	10.94	22.55	0.45	6.71		
1989	14.17	11.82	29.08	0.50	10.37		
1990	14.40	12.01	30.64	0.90	10.30		
1991	14.72	12.45	31.17	0.96	14.41		
1992	18.45	28.29	14.18	1.14	23.17		

续表

年份	建筑业	批发和零售业	交通运输、仓储和邮政业	房地产业	进出口总额	能源生产量	能源消费量
year	Construction	Wholesale	Transport	RealEstate	TIE	TEP	TEC
1993	23.22	31.01	15.03	1.48	22.78		
1994	24.11	37.48	21.40	7.83	43.37		
1995	30.54	46.72	28.72	9.76	50.17		
1996	35.61	54.96	33.66	11.25	39.75		
1997	51.09	63.25	43.74	13.71	39.80		
1998	62.17	68.42	52.20	18.66	37.16		
1999	83.08	73.57	60.26	21.48	26.46		
2000	94.04	78.54	78.38	24.78	46.83		
2001	102.56	84.37	89.00	27.44	64.43		
2002	112.31	94.83	107.01	41.52	72.63		
2003	119.92	100.45	127.13	49.26	109.93		
2004	130.75	116.90	126.11	59.66	145.80		
2005	138.92	129.71	152.23	68.58	216.53	3605.12	4300.88
2006	154.23	144.31	181.45	80.65	305.92	3798.83	4670.33
2007	183.93	164.59	197.24	94.26	421.22	3985.59	5031.35

续表

年份	建筑业	批发和零售业	交通运输、仓储和邮政业	房地产业	进出口总额	能源生产量	能源消费量
year	Construction	Wholesale	Transport	RealEstate	TIE	TEP	TEC
2008	232.84	193.73	233.66	108.46	430.37	4069.28	5264.80
2009	259.21	226.83	240.50	120.08	263.77	4232.34	5398.00
2010	296.59	266.25	260.10	139.74	502.68	4631.59	5829.85
2011	341.48	343.43	303.58	182.81	568.91	4884.56	6393.69
2012	386.19	387.79	330.26	217.61	561.79	5362.84	6893.76
2013	428.90	445.59	349.19	269.79	636.27	5538.21	7286.72
2014	466.12	475.83	343.92	313.05	529.99	5926.50	7521.45
2015	484.24	490.29	342.21	335.34	493.97	5816.78	7488.50
2016	498.33	516.57	343.74	364.70	449.73	5667.42	7299.93
2017	504.60	540.63	378.28	394.35	326.14	5749.10	7503.63
2018	518.24	587.60	407.23	440.82	395.45	6107.42	7822.54
2019	552.99	646.28	438.39	470.49	380.41	6394.63	7818.02
2020	568.30	662.13	409.88	540.47	382.45	6729.39	8104.71
2021	625.87	763.67	471.97	586.97	491.93	7031.70	8434.23
2022	657.59	795.61	555.57	573.18	567.97	7778.97	8667.89

表2-4　甘肃省1978—2022年经济数据

年份	电力消费量	居民消费价格指数	工业生产者出厂价格指数	地区生产总值增长率	投资增长率	第一产业增长率	第二产业增长率	第三产业增长率
year	eConsumption	CPI	PPI	rGRP	rInvest	rPI	rSI	rTI
1978		0.60		13.21		-4.03	15.05	28.82
1979		1.10		1.41	20.63	-12.57	4.89	3.18
1980		10.50		9.08	12.74	23.87	-2.00	35.42
1981		2.70		-8.44	11.52	-6.17	-14.10	2.26
1982		2.20		8.92	11.23	16.13	8.25	4.00
1983		0.60		14.86	20.53	12.64	13.14	20.40
1984		3.30		13.76	29.62	11.18	12.91	17.66
1985		9.20		13.19	38.32	8.13	13.51	16.91
1986		6.60		11.03	19.26	6.88	6.16	22.73
1987		7.60		8.92	18.51	6.54	2.41	20.31
1988		19.10		13.65	24.29	7.64	13.94	16.91
1989		17.90		8.75	-14.02	5.99	9.75	9.04
1990		3.20	10.70	5.63	15.93	4.97	5.36	6.33
1991		4.90	4.23	6.57	15.57	1.61	8.99	7.56
1992		7.20	10.30	9.89	24.11	5.80	10.22	12.56

续表

年份 year	电力消费量 eConsumption	居民消费价格指数 CPI	工业生产者出厂价格指数 PPI	地区生产总值增长率 rGRP	投资增长率 rInvest	第一产业增长率 rPI	第二产业增长率 rSI	第三产业增长率 rTI
1993		15.40	25.31	11.57	43.41	8.80	13.58	11.09
1994		23.70	21.16	10.78	30.28	6.10	11.02	13.73
1995	241.00	19.80	14.95	10.36	22.39	3.10	9.99	15.50
1996	247.81	10.20	4.36	11.96	10.36	9.90	10.41	14.94
1997	260.72	2.90	4.98	9.08	23.07	-1.90	10.02	14.09
1998	259.59	-1.00	-4.80	9.72	25.20	5.10	8.83	12.86
1999	291.58	-2.40	-1.81	9.03	16.03	-0.50	8.48	13.81
2000	295.00	-0.50	7.20	9.70	14.91	1.60	10.08	12.46
2001	306.09	4.00	-1.50	9.76	14.52	7.56	9.51	10.98
2002	339.66	0.00	-2.13	9.87	13.93	5.85	10.22	11.26
2003	398.33	1.10	10.04	11.33	13.40	5.52	11.82	13.24
2004	452.00	2.30	14.30	10.92	18.50	6.26	12.49	11.25
2005	489.00	1.70	9.61	11.85	17.70	5.75	13.36	12.64
2006	536.33	1.30	9.84	11.99	16.30	5.05	14.61	12.11
2007	614.74	5.20	5.49	12.31	24.30	-0.31	17.38	11.79

续表

年份 year	电力 消费量 eConsumption	居民消费 价格指数 CPI	工业生产者出 厂价格指数 PPI	地区生产总值 增长率 rGRP	投资 增长率 rInvest	第一产业 增长率 rPI	第二产业 增长率 rSI	第三产业 增长率 rTI
2008	677.76	8.20	4.90	10.12	26.30	7.53	8.70	12.45
2009	705.51	1.30	-9.00	10.20	33.60	5.16	11.28	10.66
2010	804.00	4.10	15.00	11.75	31.40	5.81	14.83	10.34
2011	923.45	5.90	11.00	13.18	32.50	5.91	15.99	11.93
2012	994.60	2.70	-3.20	11.76	24.80	6.83	12.59	12.11
2013	1073.20	3.20	-3.10	11.32	22.70	5.38	10.52	13.97
2014	1095.48	2.10	-3.30	9.00	18.20	5.52	7.86	11.27
2015	1098.72	1.60	-13.00	8.16	8.60	5.33	7.53	9.60
2016	1065.15	1.30	-5.10	7.64	8.30	5.50	6.79	8.76
2017	1164.37	1.40	14.54	3.52	-36.80	5.45	-0.80	6.31
2018	1289.52	2.00	9.50	6.14	-3.90	4.89	4.17	7.77
2019	1288.00	2.30	-1.70	6.15	6.60	5.80	4.67	7.22
2020	1376.00	2.00	-6.10	3.76	7.80	5.27	5.62	2.24
2021	1495.00	0.90	16.40	6.94	11.10	10.07	5.90	6.79
2022	1501.00	1.90	10.87	4.50	10.10	5.72	4.19	4.44

表2-5 甘肃省1978—2022年经济数据

年份	农林牧渔业增长率	工业增长率	建筑业增长率	批发和零售业增长率	交通运输、仓储和邮政业增长率	房地产业增长率
year	rAgriculture	rIndustry	rConstruction	rWholesale	rTransport	rReal Estate
1978	−4.03	13.69	29.24	22.01	5.47	
1979	−12.57	5.73	−2.79	4.99	−0.02	
1980	23.87	−3.42	12.14	36.72	4.36	
1981	−6.17	−14.15	−13.71	122.44	−49.85	−2.08
1982	16.13	7.59	13.28	1.84	2.97	8.24
1983	12.64	12.27	19.42	12.24	13.70	5.29
1984	11.18	13.20	10.92	17.92	20.99	7.69
1985	8.13	11.17	29.78	12.04	29.54	18.79
1986	6.88	4.98	13.21	50.03	9.69	19.28
1987	6.54	2.23	3.42	35.24	10.21	18.76
1988	7.64	13.05	18.77	24.30	11.10	20.18
1989	5.99	10.04	8.23	14.20	12.20	7.23
1990	4.97	5.92	2.40	5.60	−2.70	8.77
1991	1.61	9.01	8.90	178.59	−58.69	8.99
1992	7.63	10.27	9.90	−13.22	8.00	5.43
1993	8.80	14.16	10.20	16.17	9.60	11.40
1994	6.10	11.28	9.42	19.63	21.07	14.60
1995	3.10	10.10	9.29	8.44	22.91	17.40
1996	9.90	10.49	9.91	15.30	21.77	17.30
1997	−1.90	10.29	8.31	10.82	24.56	15.40
1998	5.10	7.29	18.60	7.96	19.04	17.30
1999	−0.50	−3.71	78.65	9.83	16.58	15.10
2000	1.60	10.17	9.80	9.72	19.80	13.10

年份	农林牧渔业增长率	工业增长率	建筑业增长率	批发和零售业增长率	交通运输、仓储和邮政业增长率	房地产业增长率
year	rAgriculture	rIndustry	rConstruction	rWholesale	rTransport	rReal Estate
2001	7.56	9.99	7.84	8.42	14.42	12.95
2002	5.86	10.86	7.95	14.10	21.76	52.93
2003	5.48	13.89	4.26	11.39	23.85	16.25
2004	5.90	15.07	2.18	8.56	−4.98	−10.47
2005	5.86	16.07	1.22	10.72	16.23	8.17
2006	5.18	16.42	6.34	9.94	9.40	−24.98
2007	6.07	17.90	14.80	9.21	8.24	1.38
2008	7.10	10.30	0.47	9.08	9.84	−4.18
2009	5.05	11.46	10.24	15.02	2.53	5.34
2010	5.62	15.83	9.18	12.43	5.52	0.27
2011	5.90	17.61	7.22	12.99	5.87	−44.37
2012	6.79	13.09	9.61	10.08	5.47	5.03
2013	5.56	11.40	10.19	11.99	1.20	2.78
2014	5.60	7.78	8.15	5.69	−1.98	2.63
2015	5.40	7.81	5.69	2.02	1.37	3.81
2016	5.50	7.37	4.37	4.42	1.03	9.05
2017	5.34	−0.63	−1.78	3.21	9.95	4.44
2018	4.57	5.23	−0.52	6.87	7.65	6.51
2019	5.60	4.90	3.60	7.93	8.00	4.69
2020	5.07	5.91	4.17	3.97	−5.11	6.00
2021	9.94	7.22	0.92	9.29	11.34	6.37
2022	5.76	4.06	4.60	−0.46	17.70	−3.22

地区生产总值（Regional Gross Product，GRP）也称地区国内生产总值（Gross Domestic Product，GDP），是在一个国家内部某一特定行政区域内，一定时期内所有常住单位生产的最终产品和服务的市场价值总和。这个指标反映了一个地区经济总体的生产规模和经济发展水平。中国自 1993 年起将 GDP 作为衡量国民经济的核心指标，并在 2019 年实施了 GRP 统一核算制度，以确保不同地区的 GRP 数据与全国 GDP 数据相互衔接，提高数据质量和准确性。

甘肃省 1978—2022 年 GRP 及其增长率数据图形化过程如下，运行结果如图 2-1。

```python
import matplotlib.pyplot as plt
plt.rcParams['font.family'] = 'Microsoft YaHei'
# 创建图形和轴对象
fig, ax1 = plt.subplots(figsize=(10, 5))
# 绘制 y1 轴数据
ax1.plot(df.index, df[data], 'b-',marker='s',
label='地区生产总值（亿元）')
ax1.set_ylabel('地区生产总值（亿元）', color='b')
ax1.tick_params('y', colors='b')
# 创建第二个纵坐标轴对象
ax2 = ax1.twinx()
# 绘制 y2 轴数据
ax2.plot(df.index, df['rGRP'], marker='o',color='red',
label='地区生产总值增长率（%）')
ax2.set_ylabel('地区生产总值增长率（%）', color='r')
ax2.tick_params('y', colors='r')
# 添加图例
```

```
lines = [ax1.get_lines()[0], ax2.get_lines()[0]]
ax1. legend(lines, [line. get_label() for line in lines], loc= 'lower
right')
# 显示图形
plt.show()
```

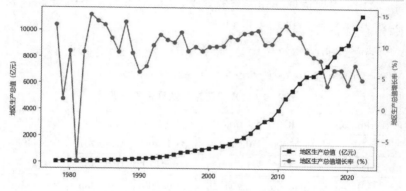

图2-1 甘肃省1978—2022年经济地区生产总值及增长率

2.1 相关性分析

相关性分析用于研究两个或多个变量之间的关系强度和方向,旨在确定一个变量的变化是否伴随着另一个或多个变量的相应变化,以及它们之间变化的模式。回归分析等预测方法首先要计算数据的相关性,也就是先要判断能不能用一个或多个自变量去预测因变量。在定量研究中,最常用的相关系数是皮尔逊相关系数(Pearson correlation coefficient),它衡量的是两个连续变量间线性相关程度,其值范围在-1~1。如果相关系数接近1,表示正相关,即一个变量增加时,另一个变量也倾向于增加;如果接近-1,则表示负相关,即一个变量增加时,另一个变量倾向于减少;若为0,则表示两变量间无显著线性相关。除了皮尔逊相关外,还有斯皮

尔曼等级相关、肯德尔等级相关等非参数相关分析方法,适用于分类数据或者顺序数据的关联度分析。相关性分析只能表明变量间的同步变动趋势,不能证明因果关系。

2.1.1 地区经济指标相关系数计算

计算29项指标的相关系数如下,运行结果见表2-6、表2-7、表2-8、表2-9、表2-10和表2-11。

```
corr_matrix=df.corr()
corr_matrix.to_csv('corr.csv', index=True)
```

表2-6 甘肃经济指标数据相关系数

correlation	GRP	Invest	PI	SI	TI
GRP	1.000000	0.943342	0.990499	0.985101	0.994498
Invest	0.943342	1.000000	0.904120	0.954842	0.927717
PI	0.990499	0.904120	1.000000	0.963786	0.988840
SI	0.985101	0.954842	0.963786	1.000000	0.962290
TI	0.994498	0.927717	0.988840	0.962290	1.000000
Agriculture	0.992300	0.909570	0.999836	0.967965	0.989443
Industry	0.981031	0.951661	0.959019	0.999597	0.955952
Construction	0.993635	0.961603	0.975167	0.991027	0.981955
Wholesale	0.999140	0.946462	0.989447	0.981151	0.995787
Transport	0.984404	0.933131	0.969331	0.992444	0.964885
RealEstate	0.990114	0.922090	0.986027	0.952866	0.998260
TIE	0.862088	0.879885	0.821952	0.930435	0.809402
TEP	0.991792	0.842026	0.967262	0.974750	0.972529
TEC	0.969969	0.898003	0.906578	0.974536	0.948919
eConsumption	0.989644	0.923343	0.958263	0.988405	0.973946
CPI	−0.331439	−0.320738	−0.332723	−0.331876	−0.324968
PPI	−0.205742	−0.351451	−0.169819	−0.235394	−0.190438

correlation	GRP	Invest	PI	SI	TI
rGRP	−0.255728	−0.211769	−0.260802	−0.188408	−0.295912
rInvest	−0.361587	−0.316713	−0.359270	−0.284288	−0.408269
rPI	0.046571	0.044109	0.045738	0.040640	0.049802
rSI	−0.171090	−0.151980	−0.164645	−0.100058	−0.217883
rTI	−0.443417	−0.384728	−0.458617	−0.417914	−0.449493
rAgriculture	0.035730	0.030460	0.035646	0.034920	0.035496
rIndustry	−0.085069	−0.073513	−0.082553	−0.014073	−0.132495
rConstruction	−0.265361	−0.243226	−0.253235	−0.253241	−0.271632
rWholesale	−0.277527	−0.263631	−0.284324	−0.286597	−0.264946
rTransport	−0.028261	−0.084336	0.008147	−0.032384	−0.033277
rReal Estate	−0.312689	−0.299914	−0.281126	−0.375700	−0.271570

表2-7 甘肃经济指标数据相关系数

correlation	Agriculture	Industry	Construction	Wholesale
GRP	0.992300	0.981031	0.993635	0.999140
Invest	0.909570	0.951661	0.961603	0.946462
PI	0.999836	0.959019	0.975167	0.989447
SI	0.967965	0.999597	0.991027	0.981151
TI	0.989443	0.955952	0.981955	0.995787
Agriculture	1.000000	0.963384	0.978466	0.991081
Industry	0.963384	1.000000	0.986854	0.976487
Construction	0.978466	0.986854	1.000000	0.992763
Wholesale	0.991081	0.976487	0.992763	1.000000
Transport	0.972741	0.990361	0.990681	0.978984
RealEstate	0.986348	0.945963	0.975185	0.992404
TIE	0.830166	0.936553	0.890893	0.850282
TEP	0.971859	0.963186	0.983001	0.989068

correlation	Agriculture	Industry	Construction	Wholesale
TEC	0.914608	0.961560	0.991080	0.974230
eConsumption	0.963593	0.983261	0.993720	0.985841
CPI	−0.333167	−0.325819	−0.355840	−0.330476
PPI	−0.178227	−0.228925	−0.264540	−0.212208
rGRP	−0.257707	−0.179473	−0.229867	−0.261231
rInvest	−0.355557	−0.269382	−0.353103	−0.369765
rPI	0.045062	0.040513	0.040811	0.048294
rSI	−0.161777	−0.090816	−0.145532	−0.180897
rTI	−0.457468	−0.412383	−0.437975	−0.441825
rAgriculture	0.035625	0.035946	0.029583	0.034728
rIndustry	−0.079568	−0.005082	−0.059492	−0.096611
rConstruction	−0.253380	−0.251146	−0.260092	−0.262039
rWholesale	−0.285352	−0.284924	−0.290439	−0.279556
rTransport	0.005384	−0.032375	−0.033875	−0.024749
rReal Estate	−0.285434	−0.385863	−0.320694	−0.294947

表2-8 甘肃经济指标数据相关系数

correlation	Transport	RealEstate	TIE	TEP	TEC
GRP	0.984404	0.990114	0.862088	0.991792	0.969969
Invest	0.933131	0.922090	0.879885	0.842026	0.898003
PI	0.969331	0.986027	0.821952	0.967262	0.906578
SI	0.992444	0.952866	0.930435	0.974750	0.974536
TI	0.964885	0.998260	0.809402	0.972529	0.948919
Agriculture	0.972741	0.986348	0.830166	0.971859	0.914608
Industry	0.990361	0.945963	0.936553	0.963186	0.961560
Construction	0.990681	0.975185	0.890893	0.983001	0.991080
Wholesale	0.978984	0.992404	0.850282	0.989068	0.974230

correlation	Transport	RealEstate	TIE	TEP	TEC
Transport	1.000000	0.953865	0.918658	0.984553	0.963427
RealEstate	0.953865	1.000000	0.789290	0.969451	0.945476
TIE	0.918658	0.789290	1.000000	0.439969	0.490927
TEP	0.984553	0.969451	0.439969	1.000000	0.975650
TEC	0.963427	0.945476	0.490927	0.975650	1.000000
eConsumption	0.990915	0.970272	0.834051	0.986194	0.986686
CPI	−0.357269	−0.351612	−0.281804	−0.410564	−0.382023
PPI	−0.235161	−0.186442	−0.235610	−0.046674	−0.117397
rGRP	−0.194234	−0.345457	−0.024864	−0.784250	−0.760543
rInvest	−0.319897	−0.408885	−0.097861	−0.445256	−0.482691
rPI	0.037806	−0.034106	0.025064	0.340530	0.335493
rSI	−0.097066	−0.231232	0.079210	−0.730877	−0.750271
rTI	−0.438146	−0.482525	−0.334717	−0.770492	−0.702698
rAgriculture	0.032850	−0.055485	0.043646	0.158492	0.121872
rIndustry	−0.001599	−0.143552	0.176409	−0.758764	−0.781043
rConstruction	−0.275056	−0.277372	−0.247687	−0.310199	−0.300867
rWholesale	−0.287531	−0.265031	−0.277747	−0.657797	−0.622941
rTransport	−0.024605	−0.054252	−0.052159	−0.079020	−0.208046
rReal Estate	−0.371613	−0.258852	−0.508343	0.269887	0.274959

表2-9 甘肃经济指标数据相关系数

correlation	eConsumption	CPI	PPI	rGRP	rInvest
GRP	0.989644	−0.331439	−0.205742	−0.255728	−0.361587
Invest	0.923343	−0.320738	−0.351451	−0.211769	−0.316713
PI	0.958263	−0.332723	−0.169819	−0.260802	−0.359270

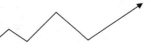

续表

correlation	eConsumption	CPI	PPI	rGRP	rInvest
SI	0.988405	−0.331876	−0.235394	−0.188408	−0.284288
TI	0.973946	−0.324968	−0.190438	−0.295912	−0.408269
Agriculture	0.963593	−0.333167	−0.178227	−0.257707	−0.355557
Industry	0.983261	−0.325819	−0.228925	−0.179473	−0.269382
Construction	0.993720	−0.355840	−0.264540	−0.229867	−0.353103
Wholesale	0.985841	−0.330476	−0.212208	−0.261231	−0.369765
Transport	0.990915	−0.357269	−0.235161	−0.194234	−0.319897
RealEstate	0.970272	−0.351612	−0.186442	−0.345457	−0.408885
TIE	0.834051	−0.281804	−0.235610	−0.024864	−0.097861
TEP	0.986194	−0.410564	−0.046674	−0.784250	−0.445256
TEC	0.986686	−0.382023	−0.117397	−0.760543	−0.482691
eConsumption	1.000000	−0.201687	−0.047337	−0.624958	−0.364467
CPI	−0.201687	1.000000	0.532965	0.222090	0.201014
PPI	−0.047337	0.532965	1.000000	0.136522	0.096829
rGRP	−0.624958	0.222090	0.136522	1.000000	0.465728
rInvest	−0.364467	0.201014	0.096829	0.465728	1.000000
rPI	0.336980	0.225838	0.176045	0.420414	0.005558
rSI	−0.520972	0.129868	0.159899	0.872374	0.506900
rTI	−0.803469	0.242903	0.066396	0.588037	0.297205
rAgriculture	0.326308	0.233921	0.193762	0.450425	0.027772
rIndustry	−0.310921	0.145649	0.249741	0.786472	0.447694
rConstruction	−0.348943	−0.041759	−0.203992	0.414532	0.233036
rWholesale	−0.559217	0.072290	0.005553	−0.354606	0.010137

续表

correlation	eConsump-tion	CPI	PPI	rGRP	rInvest
rTransport	−0.582060	0.155506	0.171604	0.575372	0.114826
rReal Estate	−0.331032	0.126495	−0.173507	0.038159	−0.039707

表2-10 甘肃经济指标数据相关系数

correlation	rPI	rSI	rTI	rAgriculture	rIndustry
GRP	0.046571	−0.171090	−0.443417	0.035730	−0.085069
Invest	0.044109	−0.151980	−0.384728	0.030460	−0.073513
PI	0.045738	−0.164645	−0.458617	0.035646	−0.082553
SI	0.040640	−0.100058	−0.417914	0.034920	−0.014073
TI	0.049802	−0.217883	−0.449493	0.035496	−0.132495
Agriculture	0.045062	−0.161777	−0.457468	0.035625	−0.079568
Industry	0.040513	−0.090816	−0.412383	0.035946	−0.005082
Construction	0.040811	−0.145532	−0.437975	0.029583	−0.059492
Wholesale	0.048294	−0.180897	−0.441825	0.034728	−0.096611
Transport	0.037806	−0.097066	−0.438146	0.032850	−0.001599
RealEstate	−0.034106	−0.231232	−0.482525	−0.055485	−0.143552
TIE	0.025064	0.079210	−0.334717	0.043646	0.176409
TEP	0.340530	−0.730877	−0.770492	0.158492	−0.758764
TEC	0.335493	−0.750271	−0.702698	0.121872	−0.781043
eConsumption	0.336980	−0.520972	−0.803469	0.326308	−0.310921
CPI	0.225838	0.129868	0.242903	0.233921	0.145649
PPI	0.176045	0.159899	0.066396	0.193762	0.249741
rGRP	0.420414	0.872374	0.588037	0.450425	0.786472
rInvest	0.005558	0.506900	0.297205	0.027772	0.447694
rPI	1.000000	0.078346	0.370090	0.983406	0.094295
rSI	0.078346	1.000000	0.224430	0.124721	0.937214
rTI	0.370090	0.224430	1.000000	0.377287	0.122560

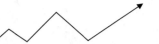

续表

correlation	rPI	rSI	rTI	rAgriculture	rIndustry
rAgriculture	0.983406	0.124721	0.377287	1.000000	0.137423
rIndustry	0.094295	0.937214	0.122560	0.137423	1.000000
rConstruction	0.015882	0.348079	0.382711	0.030856	0.002915
rWholesale	−0.179998	−0.349634	0.004846	−0.195494	−0.330805
rTransport	0.264160	0.444182	0.323715	0.269998	0.367344
rReal Estate	0.046606	−0.080903	0.244576	0.031978	−0.169328

表2-11 甘肃经济指标数据相关系数

correlation	rConstruction	rWholesale	rTransport	rReal Estate
GRP	−0.265361	−0.277527	−0.028261	−0.312689
Invest	−0.243226	−0.263631	−0.084336	−0.299914
PI	−0.253235	−0.284324	0.008147	−0.281126
SI	−0.253241	−0.286597	−0.032384	−0.375700
TI	−0.271632	−0.264946	−0.033277	−0.271570
Agriculture	−0.253380	−0.285352	0.005384	−0.285434
Industry	−0.251146	−0.284924	−0.032375	−0.385863
Construction	−0.260092	−0.290439	−0.033875	−0.320694
Wholesale	−0.262039	−0.279556	−0.024749	−0.294947
Transport	−0.275056	−0.287531	−0.024605	−0.371613
RealEstate	−0.277372	−0.265031	−0.054252	−0.258852
TIE	−0.247687	−0.277747	−0.052159	−0.508343
TEP	−0.310199	−0.657797	−0.079020	0.269887
TEC	−0.300867	−0.622941	−0.208046	0.274959
eConsumption	−0.348943	−0.559217	−0.582060	−0.331032
CPI	−0.041759	0.072290	0.155506	0.126495
PPI	−0.203992	0.005553	0.171604	−0.173507
rGRP	0.414532	−0.354606	0.575372	0.038159
rInvest	0.233036	0.010137	0.114826	−0.039707

correlation	rConstruction	rWholesale	rTransport	rReal Estate
rPI	0.015882	−0.179998	0.264160	0.046606
rSI	0.348079	−0.349634	0.444182	−0.080903
rTI	0.382711	0.004846	0.323715	0.244576
rAgriculture	0.030856	−0.195494	0.269998	0.031978
rIndustry	0.002915	−0.330805	0.367344	−0.169328
rConstruction	1.000000	−0.112162	0.289360	0.213350
rWholesale	−0.112162	1.000000	−0.774358	0.030496
rTransport	0.289360	−0.774358	1.000000	0.280747
rReal Estate	0.213350	0.030496	0.280747	1.000000

2.1.2　GRP相关系数对比

对GRP与其他指标的相关系数进行从大到小排序,见表2-12。

表2-12　甘肃省GRP与其他经济指标相关系数

经济指标	与GRP的相关系数	经济指标	与GRP的相关系数
GRP	1.000000	TIE	0.862088
Wholesale	0.999140	rPI	0.046571
TI	0.994498	rAgriculture	0.035730
Construction	0.993635	rTransport	−0.028261
Agriculture	0.992300	rIndustry	−0.085069
TEP	0.991792	rSI	−0.171090
PI	0.990499	PPI	−0.205742
RealEstate	0.990114	rGRP	−0.255728
eConsumption	0.989644	rConstruction	−0.265361
SI	0.985101	rWholesale	−0.277527
Transport	0.984404	rReal Estate	−0.312689
Industry	0.981031	CPI	−0.331439
TEC	0.969969	rInvest	−0.361587
Invest	0.943342	rTI	−0.443417

甘肃省GRP与其他经济指标相关系数柱状图如图2-2所示。

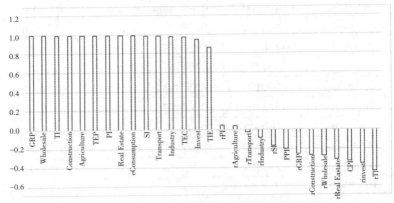

图2-2　甘肃省GRP与其他经济指标相关系数柱状图

可以看出,GRP与批发零售业、第三产业、建筑业、农林牧渔业、能源生产总量、第一产业、房地产业、电力消费量、第二产业、交通运输业、工业、能源消费量等的相关系数均在0.97以上,具有较强的相关性。与固定资产投资的相关系数为0.943 342,与进出口总额的相关系数为0.862 088。与第一产业增长率的相关系数接近0,与GRP增长率等其他比率性指标的相关系数为负数,且绝对值小于0.5,相关性很弱。

GRP与其相关系数最高(正相关和负相关)的六项经济指标之间的相关性散点图的绘制程序如下,运行结果如图2-3。

```
df1=df[['GRP', 'Wholesale', 'TI', 'Construction', 'Agriculture',
'TEP','PI']]

pd.plotting.scatter_matrix(df1,figsize=(8,8),alpha=1,

hist_kwds={'bins':20})
```

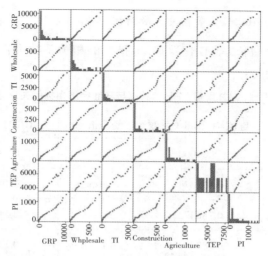

图2-3　甘肃省GRP与六项经济指标相关性散点图

GRP与其相关系数最高的六项经济指标之间的相关性热点图
的绘制程序如下,运行结果如图2-4。

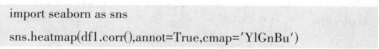

```
import seaborn as sns
sns.heatmap(df1.corr(),annot=True,cmap='YlGnBu')
```

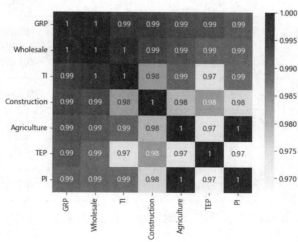

图2-4　甘肃省GRP与六项经济指标相关性热点图

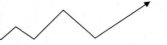

2.1.3　GRP 增长率相关系数对比

对 GRP 增长率（rGRP）与其他指标的相关系数进行从大到小排序，见表 2-13。

表 2-13　甘肃省 GRP 增长率与其他经济指标相关系数

经济指标	与 rGRP 的相关系数	经济指标	与 rGRP 的相关系数
rGRP	1.000000	SI	−0.188408
rSI	0.872374	Transport	−0.194234
rIndustry	0.786472	Invest	−0.211769
rTI	0.588037	Construction	−0.229867
rTransport	0.575372	GRP	−0.255728
rInvest	0.465728	Agriculture	−0.257707
rAgriculture	0.450425	PI	−0.260802
rPI	0.420414	Wholesale	−0.261231
rConstruction	0.414532	TI	−0.295912
CPI	0.222090	RealEstate	−0.345457
PPI	0.136522	rWholesale	−0.354606
rReal Estate	0.038159	eConsumption	−0.624958
TIE	−0.024864	TEC	−0.760543
Industry	−0.179473	TEP	−0.784250

甘肃省 GRP 增长率与其他经济指标相关系数柱状图如图 2-5 所示。

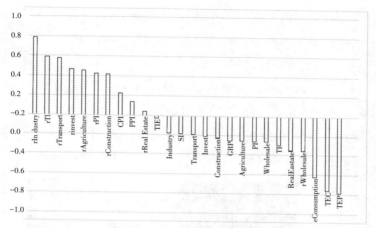

图2-5 甘肃省GRP增长率与其他经济指标相关系数柱状图

可以看出,rGRP与第二产业增长率、工业增长率、第三产业增长率、交通运输业增长率等存在正相关关系,与电力消费量、能源消费总量、能源生产总量等存在负相关关系。

rGRP与其相关系数最高(正相关和负相关)的五项经济指标之间的相关性散点图的绘制程序如下,运行结果如图2-6。

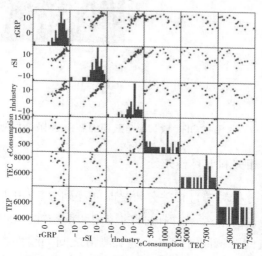

图2-6 甘肃省GRP增长率与五项经济指标相关性散点图

```
df2=df[['rGRP','rSI','rIndustry','eConsumption','TEC','TEP']]
pd.plotting.scatter_matrix(df2,figsize=(7,7),alpha=1,
hist_kwds={'bins':20})
```

rGRP 与其相关系数最高的五项经济指标之间的相关性热点图的绘制程序如下,运行结果如图 2-7。

```
import seaborn as sns
sns.heatmap(df2.corr(),annot=True,cmap='YlGnBu')
```

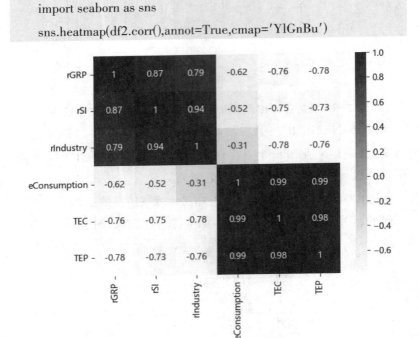

图 2-7　甘肃省 GRP 增长率与五项经济指标相关性热点图

2.2　自相关和偏自相关分析

自相关分析和偏自相关分析是时间序列分析中的两种重要方法,用于研究时间序列数据内部的结构和依赖性。自相关是时间序列中任意两个不同时间点上的观测值之间的线性相关性,如果一个时间序列的数据点与其过去某个时间步长(滞后阶数)的数据点存在关联,则称它们之间具有自相关性,用自相关函数(Autocorrelation Coefficient Function,ACF)来量化。偏自相关是在控制了所有中间滞后期的影响后两个观测值间的直接线性相关性,揭示了在排除所有介于两者之间的滞后效应之后,当前观测值与特定滞后阶数观测值的直接关系,用偏自相关函数(Partial Autocorrelation Function,PACF)来量化。

ACF测量当前观测值与过去观测值之间的线性关系,通过观察 ACF 图形可以初步判断序列是否存在自回归项(p)。如果 ACF 图显示出截尾衰减(滞后几期后自相关系数逐渐接近零),那么这可能是存在自回归过程的一个迹象。通常,自相关系数显著不为零的滞后期的数量可以帮助我们估计自回归项的阶数 p。

PACF 衡量在控制了所有中间滞后期影响的情况下,当前观测值与某个特定滞后观测值的直接线性关联程度,通过观察 PACF 图形可以初步判断序列是否存在移动平均项(q)。如果 PACF 图形呈现出明显的截尾特征(滞后到一定阶数后偏自相关系数迅速变为零),则可能表明存在一个相应的移动平均项。

在实际应用中,首先需要对时间序列进行平稳性检验,并根据其结果进行差分操作直至数据变得平稳。然后通过分析平稳后数据的 ACF 和 PACF 图来初步确定模型中的 p 和 q 参数。例如,如果 ACF 图缓慢拖尾而 PACF 图在某阶之后截断,则可能意味着 p 应该取那个截断点对应的阶数;如果 PACF 图缓慢拖尾而 ACF 图在某阶后迅速衰减,则可能说明 q 应取那个衰减点对应的阶数。

2.2.1　ACF 和 PACF 图形判断

在实际操作中,通常使用统计软件如 Eviews、SPSS、R、Python(如 statsmodels 库)等来进行自相关性分析。通过对 ACF 和 PACF

图的观察以及相关检验的执行，可以判断序列的自相关性质，并据此选择合适的时间序列模型。

绘制 GRP 和三次产业增加值的 ACF 和 PACF 图的程序如下，运行结果如图 2-8。

```python
# 导入所需的库
import pandas as pd
import numpy as np
from statsmodels.graphics.tsaplots import plot_acf,plot_pacf
import matplotlib.pyplot as plt
df=pd.read_excel('../data.xls',sheet_name='data',index_col=0)
# 创建一个新的figure对象
plt.rcParams['font.family'] = 'Microsoft YaHei'
plt.rcParams['font.size'] = '9'
fig,axs = plt.subplots(4,2,figsize=(8,8))


plot_acf(df['GRP'],lags=20,ax=axs[0,0])
axs[0,0].set_title('ACF for 地区生产总值')
plot_pacf(df['GRP'],lags=20,ax=axs[0,1])
axs[0,1].set_title('PACF for 地区生产总值')


plot_acf(df['PI'],lags=20,ax=axs[1,0])
axs[1,0].set_title('ACF for 第一产业')
plot_pacf(df['PI'],lags=20,ax=axs[1,1])
axs[1,1].set_title('PACF for 第一产业')
```

```
plot_acf(df['SI'],lags=20,ax=axs[2,0])
axs[2,0].set_title('ACF for 第二产业')
plot_pacf(df['SI'],lags=14,ax=axs[2,1])
axs[2,1].set_title('PACF for 第二产业')

plot_acf(df['TI'],lags=20,ax=axs[3,0])
axs[3,0].set_title('ACF for 第三产业')
plot_pacf(df['TI'],lags=14,ax=axs[3,1])
axs[3,1].set_title('PACF for 第三产业')

# 显示图形
plt.subplots_adjust(left=0.1,bottom=0.1,right=0.9,top=0.9,
wspace=0.2,hspace=0.4)
plt.show()
```

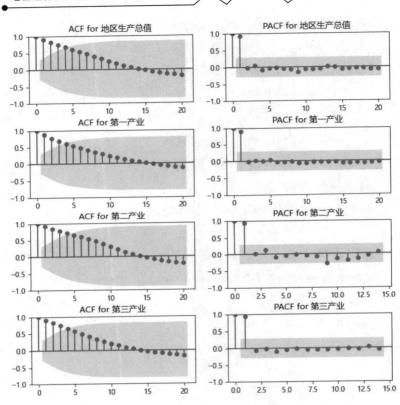

图2-8 甘肃省GRP和三次产业增加值的ACF和PACF图

绘制固定资产投资、工业增加值、建筑业增加值、房地产业增加值、进出口总额的ACF和PACF图的程序如下，运行结果如图2-9。

```
# 创建一个新的figure对象
fig,axs = plt.subplots(5,2,figsize=(8,10))
plt.rcParams['font.family'] = 'Microsoft YaHei'
plt.rcParams['font.size'] = '9'


plot_acf(df['Invest'],lags=20,ax=axs[0,0])
```

```
axs[0,0].set_title('ACF for 固定资产投资')
plot_pacf(df['Invest'],lags=14,ax=axs[0,1])
axs[0,1].set_title('PACF for 固定资产投资')
plot_acf(df['Industry'],lags=20,ax=axs[1,0])

axs[1,0].set_title('ACF for 工业')
plot_pacf(df['Industry'],lags=14,ax=axs[1,1])
axs[1,1].set_title('PACF for 工业')
plot_acf(df['Construction'],lags=20,ax=axs[2,0])

axs[2,0].set_title('ACF for 建筑业')
plot_pacf(df['Construction'],lags=13,ax=axs[2,1])
axs[2,1].set_title('PACF for 建筑业')
plot_acf(df['RealEstate'][2:],lags=20,ax=axs[3,0])

axs[3,0].set_title('ACF for 房地产业')
plot_pacf(df['RealEstate'][2:],lags=14,ax=axs[3,1])
axs[3,1].set_title('PACF for 房地产业')

plot_acf(df['TIE'],lags=20,ax=axs[4,0])
axs[4,0].set_title('ACF for 进出口总额')
plot_pacf(df['TIE'],lags=13,ax=axs[4,1])
axs[4,1].set_title('PACF for 进出口总额')

# 显示图形
import matplotlib.pyplot as plt
```

```
plt.subplots_adjust(left=0.1,bottom=0.1,right=0.9,top=0.9,
wspace=0.2,hspace=0.5)
plt.show()
```

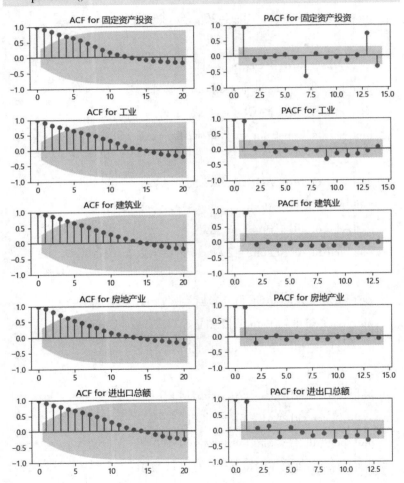

图2-9 甘肃省固定资产投资等指标ACF和PACF图

通过观察图2-8和图2-9,可以初步判断甘肃省GRP和三次产业增加值、固定资产投资、工业增加值、建筑业增加值、房地产业增加值、进出口总额的自回归项(p)和移动平均项(q)。

2.2.2 AIC和BIC计算

在时间序列分析或其他回归模型中,Akaike信息准则(AIC)和Bayesian信息准则(BIC)常被用来估计模型的自回归(AR)项阶数p和移动平均(MA)项阶数q。为了确定最佳的p和q值,通常会针对不同的p、q组合运行模型,并对比每个模型的AIC或BIC值,选择具有最小信息准则值的模型。用statsmodels库计算GRP指标的p和q如下:

```
importstatsmodels.apiassm
trend_evaluate=sm.tsa.arma_order_select_ic(df['GRP'],ic=['aic',
'bic'],trend='n',max_ar=5,max_ma=5)
print('train AIC',trend_evaluate.aic_min_order)
print('train BIC',trend_evaluate.bic_min_order)
```

运行结果如下:

train AIC (4, 1)

train BIC (2, 1)

计算其他指标的AIC和BIC。

```
importstatsmodels.apiassm
forcolindf.columns:
trend_evaluate=sm.tsa.arma_order_select_ic(df[col],ic=['aic',
'bic'],trend='n',max_ar=5,max_ma=5)
print('train AIC of ',col,': ',trend_evaluate.aic_min_order)
print('train BIC of',col,': ',trend_evaluate.bic_min_order)
```

运行结果见表2-14。

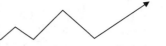

表2-14　甘肃省经济指标自回归阶数和移动平均阶数

序号	经济指标	AIC	BIC	序号	经济指标	AIC	BIC
1	GRP	(4, 1)	(2, 1)	15	eConsumption	(4, 0)	(4, 0)
2	Invest	(2, 0)	(2, 0)	16	CPI	(1, 2)	(1, 0)
3	PI	(3, 0)	(3, 0)	17	PPI	(3, 2)	(0, 1)
4	SI	(2, 0)	(2, 0)	18	rGRP	(1, 3)	(1, 1)
5	TI	(4, 0)	(4, 0)	19	rInvest	(2, 1)	(1, 0)
6	Agriculture	(3, 0)	(3, 0)	20	rPI	(1, 4)	(1, 2)
7	Industry	(2, 0)	(2, 0)	21	rSI	(5, 0)	(1, 0)
8	Construction	(3, 0)	(3, 0)	22	rTI	(5, 3)	(1, 1)
9	Wholesale	(5, 4)	(3, 0)	23	rAgriculture	(1, 2)	(1, 2)
10	Transport	(2, 4)	(2, 1)	24	rIndustry	(3, 3)	(1, 0)
11	RealEstate	(2, 4)	(2, 0)	25	rConstruction	(1, 1)	(1, 1)
12	TIE	(1, 0)	(1, 0)	26	rWholesale	(1, 2)	(1, 1)
13	TEP	(1, 2)	(2, 0)	27	rTransport	(1, 0)	(1, 0)
14	TEC	(2, 0)	(2, 0)	28	rRealEstate	(1, 1)	(1, 1)

2.3　平稳性检验

　　时间序列平稳性是指时间序列的统计特性在时间上保持不变,即均值、方差和自相关性不随时间变化。时间序列平稳性检验的主要目的是确定时间序列是否适合应用基于平稳性假设的模型,例如自回归移动平均模型(ARMA)、自回归积分移动平均模型(ARIMA)等。如果时间序列不具备平稳性,那么基于平稳性假设的模型可能无法准确地描述和预测时间序列的行为。平稳性检验过程涉及到各种统计方法和理论工具,如自相关函数、偏自相关函数、单位根检验等,从不同的角度和层面揭示时间序列的内在规律,进而判断其是否具备平稳性特征。

在经济预测中,时间序列平稳性检验的应用主要体现在以下几个方面:

(1)模型选择:平稳性检验可以帮助选择适合的时间序列模型。如果时间序列具有平稳性,可以应用基于平稳性假设的模型进行预测;如果时间序列不具备平稳性,可能需要进行差分处理或选择其他非平稳性模型。

(2)参数估计:平稳性检验可以确保模型参数的估计结果具有统计意义,在平稳序列上进行参数估计可以提高模型的准确性和可靠性。

(3)预测准确性:基于平稳性假设的模型在平稳序列上具有较好的预测性能,通过平稳性检验可以确保模型在时间序列上的应用具有较高的预测准确性。

常用的时间序列平稳性检验方法包括以下几种:

(1)ADF检验(Augmented Dickey-Fuller Test):是一种常用的单位根检验方法,用于检验时间序列是否具有单位根(非平稳性),如果ADF检验的统计量小于临界值,就可以拒绝单位根假设,认为时间序列是平稳的。

(2)KPSS检验(Kwiatkowski-Phillips-Schmidt-Shin Test):是一种常用的平稳性检验方法,用于检验时间序列是否具有趋势性(非平稳性),如果KPSS检验的统计量小于临界值,就可以拒绝趋势性假设,认为时间序列是平稳的。

(3)Phillips-Perron检验:是一种非参数的平稳性检验方法,类似于ADF检验,用于检验时间序列是否具有单位根。它对序列的自相关性结构进行了修正,适用于存在序列相关性的情况。

statsmodels.tsa.stattools.adfuller是Python中statsmodels库中的一个函数,用于执行ADF单位根检验。如果一个时间序列具有单

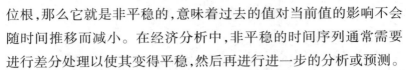

位根,那么它就是非平稳的,意味着过去的值对当前值的影响不会随时间推移而减小。在经济分析中,非平稳的时间序列通常需要进行差分处理以使其变得平稳,然后再进行进一步的分析或预测。

```python
# 导入所需的库
importpandasaspd
fromstatsmodels.tsa.stattoolsimportadfuller
# 加载数据
df=pd.read_excel('..\data.xls',sheet_name='data',index_col=0)
def adf(data):
data = data.dropna()
adf_result = adfuller(data)
form key,valueinadf_result[4].items():
#print('    %s: %.3f' % (key, value))
ifkey=='1%':
temp1=value
elifkey=='5%':
temp2=value
elifkey=='10%':
temp3=value
new_row = {'ADF-value':adf_result[0],
'p-value':adf_result[1],
'CriticalValues-1':temp1,
'CriticalValues-5':temp2,
'CriticalValues-10':temp3}
returnnew_row
df_adf = pd.DataFrame(columns= ['ADF-value','p-value',
```

′CriticalValues−1′,′CriticalValues−5′,

′CriticalValues−10′])

forcolindf.columns:

new_row=adf(df[col])

df_adf=df_adf.append(new_row,ignore_index=True)

display(df_adf)

运行结果见表2-15。

表2-15 甘肃省经济指标数据ADF检验

	Indicators	ADF-value	p-value	CriticalValues		
				1%	5%	10%
0	GRP	0.57718	0.98704	−3.63922	−2.95123	−2.61445
1	Invest	5.01888	1.00000	−3.63922	−2.95123	−2.61445
2	PI	13.33388	1.00000	−3.58857	−2.92989	−2.60319
3	SI	2.69534	0.99909	−3.63922	−2.95123	−2.61445
4	TI	2.72398	0.99909	−3.63274	−2.94851	−2.61302
5	Agriculture	4.34102	1.00000	−3.61040	−2.93911	−2.60806
6	Industry	4.52631	1.00000	−3.63274	−2.94851	−2.61302
7	Construction	1.71816	0.99817	−3.60098	−2.93514	−2.60596
8	Wholesale	4.65602	1.00000	−3.63274	−2.94851	−2.61302
9	Transport	3.81188	1.00000	−3.63274	−2.94851	−2.61302
10	RealEstate	−4.08018	0.00104	−3.65352	−2.95722	−2.61759
11	TIE	−0.36959	0.91505	−3.58857	−2.92989	−2.60319
12	TEP	−4.89164	0.00004	−4.33157	−3.23295	−2.74870
13	TEC	−2.07124	0.25624	−4.22324	−3.18937	−2.72984
14	eConsumption	1.35352	0.99689	−3.69961	−2.97643	−2.62760
15	CPI	−3.50929	0.00775	−3.59250	−2.93155	−2.60407
16	PPI	−3.62755	0.00526	−3.66143	−2.96053	−2.61932
17	rGRP	−4.92811	0.00003	−3.58857	−2.92989	−2.60319

	Indicators	ADF-value	p-value	Critical Values		
				1%	5%	10%
18	rInvest	−3.72841	0.00373	−3.59250	−2.93155	−2.60407
19	rPI	−9.10865	0.00000	−3.58857	−2.92989	−2.60319
20	rSI	−3.83747	0.00255	−3.58857	−2.92989	−2.60319
21	rTI	−0.05436	0.95380	−3.62092	−2.94354	−2.61040
22	rAgriculture	−9.15559	0.00000	−3.58857	−2.92989	−2.60319
23	rIndustry	−3.67324	0.00451	−3.58857	−2.92989	−2.60319
24	rConstruction	−6.01511	0.00000	−3.58857	−2.92989	−2.60319
25	rWholesale	−7.11373	0.00000	−3.58857	−2.92989	−2.60319
26	rTransport	−4.93931	0.00003	−3.58857	−2.92989	−2.60319
27	rReal Estate	−4.63881	0.00011	−3.60098	−2.93514	−2.60596

p-value 大于 5% 的指标有 14 项，未通过 ADF 平稳性检验（表 2-16），需要进行一阶差分处理。

表 2-16　甘肃省经济指标数据 ADF 检验（p>5%）

	Indicators	ADF-value	p-value	Critical Values		
				1%	5%	10%
2	PI	13.33388	1.00000	−3.58857	−2.92989	−2.60319
1	Invest	5.01888	1.00000	−3.63922	−2.95123	−2.61445
8	Wholesale	4.65602	1.00000	−3.63274	−2.94851	−2.61302
6	Industry	4.52631	1.00000	−3.63274	−2.94851	−2.61302
5	Agriculture	4.34102	1.00000	−3.61040	−2.93911	−2.60806
9	Transport	3.81188	1.00000	−3.63274	−2.94851	−2.61302
4	TI	2.72398	0.99909	−3.63274	−2.94851	−2.61302
3	SI	2.69534	0.99909	−3.63922	−2.95123	−2.61445
7	Construction	1.71816	0.99817	−3.60098	−2.93514	−2.60596
14	eConsumption	1.35352	0.99689	−3.69961	−2.97643	−2.62760

	Indicators	ADF-value	p-value	Critical Values		
				1%	5%	10%
0	GRP	0.57718	0.98704	−3.63922	−2.95123	−2.61445
21	rTI	−0.05436	0.95380	−3.62092	−2.94354	−2.61040
11	TIE	−0.36959	0.91505	−3.58857	−2.92989	−2.60319
13	TEC	−2.07124	0.25624	−4.22324	−3.18937	−2.72984

```
defadf_diff(data):
data=pd.Series(data)
data = data.dropna()
adf_result = adfuller(data)
for key,value in adf_result[4].items():
    if key=='1%':
        temp1=value
    elif key=='5%':
        temp2=value
    elif key=='10%':
        temp3=value
    new_row = {'ADF-value':adf_result[0],
                'p-value':adf_result[1],
                'CriticalValues-1':temp1,
                'CriticalValues-5':temp2,
                'CriticalValues-10':temp3}
    return new_row
import numpy as np
df1=df[['PI','Invest','Wholesale','Industry','Agriculture',
        'Transport','TI','SI','Construction','eConsumption',
```

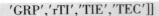

```
             'GRP','rTI','TIE','TEC']]
df_adf = pd.DataFrame(columns=['Indicators','ADF-value','p-
value','CriticalValues-1','CriticalValues-5','CriticalValues-
10'])
for col in df1.columns:
    new_row=adf_diff(np.diff(df1[col]))
    new_row['Indicators']=col+'_diff1'
    df_adf=df_adf.append(new_row,ignore_index=True)
display(df_adf)
```

运行结果见表2-17。

表2-17　甘肃省经济指标数据ADF检验（一次差分）

	Indicators	ADF-value	p-value	Critical Values		
				1%	5%	10%
1	Invest_diff1	7.92383	1.00000	−3.64614	−2.95413	−2.61597
2	Wholesale_diff1	1.22762	0.99617	−3.63922	−2.95123	−2.61445
0	PI_diff1	0.94979	0.99371	−3.59664	−2.93330	−2.60499
4	Agriculture_diff1	0.93767	0.99356	−3.59664	−2.93330	−2.60499
10	GRP_diff1	0.34535	0.97933	−3.64614	−2.95413	−2.61597
7	SI_diff1	0.21842	0.97328	−3.64614	−2.95413	−2.61597
5	Transport_diff1	0.15223	0.96945	−3.64614	−2.95413	−2.61597
6	TI_diff1	−0.00319	0.95827	−3.63922	−2.95123	−2.61445
3	Industry_diff1	−0.13021	0.94635	−3.64614	−2.95413	−2.61597
8	Construction_diff1	−1.10473	0.71318	−3.59664	−2.93330	−2.60499
13	TEC_diff1	−2.29350	0.17407	−3.92402	−3.06850	−2.67389
9	eConsumption_diff1	−2.32019	0.16554	−3.75293	−2.99850	−2.63897
11	rTI_diff1	−6.07413	0.00000	−3.62092	−2.94354	−2.61040
12	TIE_diff1	−6.67360	0.00000	−3.59250	−2.93155	−2.60407

一阶差分后有12项指标p-value大于5%,需要再次进行一阶差分处理。

```
df2=df[['PI','Invest','Wholesale','Industry','Agriculture','Trans
port','TI','SI','Construction','eConsumption','GRP','TEC']]
df_adf = pd.DataFrame(columns=['Indicators','ADF-value','p-
value','CriticalValues-1','CriticalValues-5','CriticalValues-
10'])
for col in df2.columns:
    new_row=adf_diff(np.diff(np.diff(df2[col])))
    new_row['Indicators']=col+'_diff2'
    df_adf=df_adf.append(new_row,ignore_index=True)
display(df_adf)
```

运行结果见表2-18。

表2-18 甘肃省经济指标数据ADF检验(二次差分)

	Indicators	ADF-value	p-value	Critical Values		
				1%	5%	10%
1	Invest_diff2	1.85738	0.99846	−3.65352	−2.95722	−2.61759
6	TI_diff2	−1.90695	0.32880	−3.63922	−2.95123	−2.61445
10	GRP_diff2	−2.00625	0.28384	−3.64614	−2.95413	−2.61597
5	Transport_diff2	−3.26188	0.01667	−3.64614	−2.95413	−2.61597
2	Wholesale_diff2	−3.58116	0.00613	−3.63922	−2.95123	−2.61445
11	TEC_diff2	−3.67814	0.00443	−3.96444	−3.08491	−2.68181
3	Industry_diff2	−4.37301	0.00033	−3.64614	−2.95413	−2.61597
7	SI_diff2	−4.87729	0.00004	−3.64614	−2.95413	−2.61597
0	PI_diff2	−10.03232	0.00000	−3.59664	−2.93330	−2.60499
4	Agriculture_diff2	−10.01013	0.00000	−3.59664	−2.93330	−2.60499
8	Construction_diff2	−10.31007	0.00000	−3.59664	−2.93330	−2.60499
9	eConsumption_diff2	−7.26898	0.00000	−3.73771	−2.99222	−2.63575

仍有三项指标两次一阶差分后 p-value 大于 5%，进行第三次一阶差分处理。

```
df3=df[['Invest','TI','GRP']]
df_adf = pd.DataFrame(columns= ['Indicators','ADF-value','p-
value','CriticalValues-1','CriticalValues-5','CriticalValues-
10'])
for col in df3.columns:
    new_row=adf_diff(np.diff(np.diff(np.diff(df3[col]))))
    new_row['Indicators']=col+'_diff3'
    df_adf=df_adf.append(new_row,ignore_index=True)
display(df_adf)
```

运行结果见表 2-19。

表 2-19　甘肃省经济指标数据 ADF 检验（三次差分）

	Indicators	ADF-value	p-value	Critical Values		
				1%	5%	10%
1	TI_diff3	0.20016	0.97227	−3.66143	−2.96053	−2.61932
2	GRP_diff3	−3.64632	0.00494	−3.64614	−2.95413	−2.61597
0	Invest_diff3	−7.28475	0.00000	−3.65352	−2.95722	−2.61759

TI（第三产业）经过三次一阶差分后仍未通过 ADF 平稳性检验。在时间序列分析中，如果三次一阶差分后一个序列仍未通过 ADF 平稳性检验，可能意味着原始数据具有非常强的趋势或者非线性趋势，或者是存在更复杂的形式，如季节性趋势、周期性波动或其他非平稳特征。处理这种问题可以尝试以下几种方法：

（1）更高阶的差分：虽然通常一次或两次差分足以消除大部分时间序列中的趋势，但在某些情况下可能需要进行更多次差分。过度差分同时可能会带来信息损失和统计效率降低的问题。

（2）季节差分：若数据具有显著的季节性特征，可能需要进行季节差分来去除季节效应。

（3）其他平稳化技术：尝试使用其他的平稳化方法，如指数平滑、滤波器等方法对数据进行预处理。

（4）模型选择：考虑使用能够处理非平稳时间序列的模型，如ARIMA模型与季节性ARIMA（SARIMA）模型、季节调整后的自回归模型、状态空间模型（如卡尔曼滤波）等。

（5）结构性变化检查：如果数据中包含不规则的跳跃点或断裂点，都可能导致ADF检验失败。在这种情况下，需要识别并处理这些结构变化。

（6）非线性模型和非参数模型：可以尝试非线性模型，如阈值自回归模型（Threshold Autoregressive Model，TAR）、光滑转换自回归模型（Smooth Transition Autoregressive Model，STAR）等，或者非参数模型。

在遇到多次差分后仍不能使数据变得平稳的情况时，应进一步深入研究数据的特性，选择合适的模型或方法处理数据。同时也应保持谨慎态度，过度拟合和伪回归是时间序列分析中常见的陷阱。

3 时间序列方法

时间序列方法主要用于处理和分析按照时间先后顺序排列的数据,探索数据内在的规律性、趋势、周期性和随机性,并基于此对未来的情况进行预测。时间序列分析广泛应用于经济学、金融学、气象学、生态学、工程学、商业分析等多个领域。本章着重讨论移动平法法(MA)、指数平滑法(ES)、自回归模型(AR)、自回归移动平均模型 ARMA、自回归积分移动平均 ARIMA 和自回归积分移动平均与外生变量 ARIMAX。

3.1 移动平均法

移动平均法(Moving Average,MA)通过历史数据处理实现数据平滑、趋势识别以及降低随机波动对分析结果的影响,是一种广泛应用于时间序列分析的统计技术手段。其基本原理是对过去连续若干期的数据点进行求和并除以期数,从而得到一个新的数据点,这个过程会随着观测窗口按照预设的时间间隔向前滚动推进,持续不断地生成新的平均值。

(1)数据平滑。移动平均法通过汇总并计算过去一段连续时间窗口内的数据平均值来有效地削弱或减轻随机性、偶然性波动对数据表现的干扰效应。这种方法不仅能够过滤掉短期的、不规则的市场噪声或者经济活动中的异常波动,更能凸显出潜在的、长期的趋势走向。经济分析领域GDP增长率、失业率、通胀率等各类关键指标往往容易受到政策调整、季节性因素、突发事件等多种临时性因素的影响,导致原始数据波动作出剧烈反应,难以直接反映宏观经济的真实状态和未来走势,运用移动平均法可以减少这些短期扰动,将注意力集中于宏观经济的深层结构和长期动态趋势上。

（2）趋势分析。通过对历史数据应用移动平均,能够有效地过滤掉短期波动,揭示时间序列中潜藏的上升趋势、下降趋势和水平趋势,从宏观层面把握数据变化的长期规律,对于理解和预测未来走势具有极其重要的参考价值。在实际应用过程中,通过对历史数据进行合理的窗口期选择和计算处理,移动平均线可以提供直观的视觉展示,帮助分析人员对复杂的时间序列数据进行解读和判断。

（3）短期预测。对于不具备显著周期性和季节性变化特征的经济数据,移动平均模型通过对历史数据进行连续、动态且有选择性的平均处理,从而揭示潜在的趋势走向,并以此为基础构建出对未来短期内数值的预测模型,能够在剔除偶然性波动和短期噪声的影响后,提炼出平稳而连贯的数据序列,提供具有较高可靠性和稳定性的短期预测工具。

（4）预警信号。在金融和技术分析领域中,移动平均线的交叉现象往往扮演着揭示潜在经济趋势转变的重要角色。当不同周期的移动平均线发生交点时,可能预示着市场走势即将发生变化。例如,当短期移动平均线上穿长期移动平均线,通常被认为是看涨信号,当短期线下穿长期线则可能是看跌信号。

（5）过滤噪声。经济数据在实际观测和分析过程中,常常会受到各种非系统性因素的影响,这些因素犹如噪声一般干扰着对经济态势的把握。"噪声"通常是随机出现、无法预测且不具备持续规律性的短期波动,可能源于偶然事件、测量误差或是其他不确定性来源,往往掩盖了经济数据中潜在的长期趋势和结构变化。为有效滤除这些"噪声",移动平均法通过连续计算并取均值的方式,将一段时间内连续的数据点综合考量,削弱单个时点数据的极端或异常值对整体趋势判断的影响。经过移动平均处理后的经济数据能够更加清晰地揭示出潜在的、稳定的结构变化,帮助研究者和决策者识别宏观经济的周期性波动、增长拐点等关键信息,进而作出更为科学和精准的预判与决策。

在经济预测中,移动平均法擅长于通过平滑短期数据揭示潜在的趋势走向,为决策者提供直观且易于理解的预测参考。对于存在复杂非线性关系的时间序列数据,或是具有显著季节性变动模式的数据集,移动平均法可能无法精确捕捉到内在的动态变化规律。此外,在应对突如其来的经济冲击事件或数据结构发生重大转变的情况下,由于移动平均法依赖于历史数据的平均特性,因此在反应速度和准确度上可能存在一定的滞后性和偏差。

3.1.1 简单移动平均法SMA

简单移动平均法(Simple Moving Average, SMA)计算过去连续一段时间窗口内的数据点的算术平均值,生成一条更为平滑、连贯的数据序列,从而过滤掉随机市场波动或偶然因素导致的数据扰动。SMA的操作过程,首先选定一个时间段(例如5天、10天、20天等),然后将该时间段内每一天的数据点汇总求平均,得到一个新的数据点,这个新数据点即为这段时间窗口的移动平均值。随着时间的推移,不断向前滚动这个时间窗口进行相同的操作,从而形成一个反映长期趋势而非短期波动的平滑数据序列。以下用SMA拟合预测甘肃省GRP数据。

3.1.1.1 模型拟合预测

```
# 导入所需的库
import pandas as pd
df = pd.read_excel('..\data.xls',sheet_name='data',index_col=0)
# 定义移动窗口大小
window_size = 3
# 计算移动平均值
forecast = df['GRP'].rolling(window=window_size).mean()
df['forecast']=forecast
np.set_printoptions(precision=2)
display(df[['GRP','forecast']])
```

运行结果见表3-1。

表3-1　SMA模型GRP预测结果

year	GRP	fore-cast	year	GRP	forecast	year	GRP	forecast
1978	64.73	NaN	1993	372.24	320.47	2008	3071.70	2649.93
1979	67.51	NaN	1994	453.61	381.21	2009	3268.26	3005.03
1980	73.90	68.71	1995	557.76	461.20	2010	3943.73	3427.90
1981	70.89	70.77	1996	722.52	577.96	2011	4816.94	4009.64
1982	76.88	73.89	1997	793.57	691.28	2012	5393.12	4717.93
1983	91.50	79.76	1998	887.67	801.25	2013	6014.53	5408.20
1984	103.17	90.52	1999	956.32	879.19	2014	6518.39	5975.35
1985	123.39	106.02	2000	1052.88	965.62	2015	6556.55	6363.16
1986	140.74	122.43	2001	1125.37	1044.86	2016	6907.91	6660.95
1987	159.52	141.22	2002	1232.03	1136.76	2017	7336.74	6933.73
1988	191.84	164.03	2003	1399.94	1252.45	2018	8104.07	7449.57
1989	216.84	189.40	2004	1653.61	1428.53	2019	8718.30	8053.04
1990	242.80	217.16	2005	1864.63	1639.39	2020	8979.67	8600.68
1991	271.39	243.68	2006	2202.97	1907.07	2021	10243.31	9313.76
1992	317.79	277.33	2007	2675.12	2247.57	2022	11201.60	10141.52

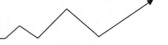

3.1.1.2 结果分析

对预测值和实际值图形化对比程序如下,运行结果如图3-1。

```python
# 可视化预测结果
import matplotlib.pyplot as plt
plt.rcParams['font.family'] = 'Microsoft YaHei'
plt.figure(figsize=(8,4))
plt.plot(df.index,df['GRP'],color='blue')
plt.plot(df.index,forecast,marker='.',color='red')
plt.legend(['实际值','预测值'])
plt.show()
```

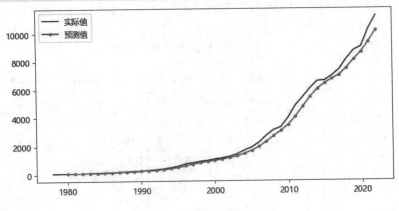

图3-1 SMA模型预测GRP

在评估移动平均模型的预测性能时,常采用均方误差(Mean Squared Error,MSE)、均方根误差(Root Mean Square Error,RMSE)、平均绝对误差(Mean Absolute Error,MAE)以及平均绝对百分比误差(Mean Absolute Percentage Error,MAPE)等指标来度量预测结果与实际观测值之间的差距。

（1）均方误差 MSE

MSE 是一种常见的评估预测模型性能的指标,计算预测值与真实值之间差异平方的平均值,用来衡量预测值偏离实际值的程度。其数学表达式为:

$$MSE = \frac{1}{n} \sum_{i=1}^{n} (y_i - \hat{y}_i)^2$$

其中: y_i 是第 i 个样本的真实值;

$\hat{y}_i$ 是第 i 个样本的预测值;

n 是样本数量。

MSE 总是非负的,并且理想情况下当预测完全准确时其值为 0,MSE 对大误差更敏感,因为误差平方会导致较大的偏差在总误差中占据更大比重。

（2）均方根误差 RMSE

RMSE 是一种在统计学与机器学习领域内广泛应用于评估预测模型或估计量精确度的核心工具。它通过计算实际值与预测值之间差异的平方,并对这些平方误差求平均数后开方,实现对误差的有效量化。这一过程不仅确保了误差度量不受正负符号的影响,而且其运算结果能够恢复到与原始数据相同的单位,在解读时具有直观性和可比性。

RMSE 为衡量模型预测结果与真实值之间的偏离程度提供了标准化的方法。无论是简单的线性回归还是复杂的非线性回归模型,均可以通过 RMSE 评价模型预测的准确度和稳定性。同时,在解决经济趋势预测、天气预报、疾病传播预测等各种预测问题时,均方根误差同样是评估预测性能的关键指标,帮助分析人员理解和比较不同模型的表现,进而优化模型选择和参数调整,提高预测精度。

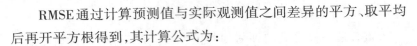

RMSE通过计算预测值与实际观测值之间差异的平方、取平均后再开平方根得到,其计算公式为:

$$RMSE = \sqrt{\frac{1}{n}\sum_{i=1}^{n}(y_i - \hat{y}_i)^2}$$

其中:y_i是第i个样本的真实值;

$\hat{y}_i$是第i个样本的预测值;

n是样本数量。

RMSE是MSE的平方根,所以同样对大误差敏感,但它直接对应到原始测量单位更容易解释。

(3)平均绝对误差MAE

MAE是一种被广泛应用于评价模型预测性能的关键指标,尤其在处理回归分析问题时作用更为凸显。MAE的核心功能是度量模型预测结果与实际值之间的绝对偏差程度,再对所有样本预测误差求平均,得出总体性的值表示模型的预测精准度。MAE值越小模型的预测能力越强,即模型预测出的数据点与实际数据点之间的差距越小,模型对数据分布特征及潜在规律的理解和捕捉更加准确。因此,在评估和比较不同回归模型的有效性时,MAE能有效帮助分析人员选择最优模型,提升预测任务的精度和可靠性。其公式表示如下:

$$MAE = \frac{1}{n}\sum_{i=1}^{n}|y_i - \hat{y}_i|$$

其中:y_i表示第i个样本的真实值;

$\hat{y}_i$表示第i个样本的预测值;

n是样本数量。

相较于MSE,MAE对所有误差都赋予了相等的重要性权重,不会过分放大或受制于极端值的影响,避免由于个别异常值导致的整体误差估计偏差过大,也就是说MAE更侧重于整体样本的平均误差表现,而非单个极端误差所造成的波动。这种特性使得MAE在实际应用中,特别是在数据集中存在潜在极端值的情况下,能够更为真实、客观地反映出模型在一般情况下的预测精确度,展现出更高的可靠性和实用性,为模型优化和性能评价提供更为稳健的依据。

(4)平均绝对百分比误差(MAPE)

MAPE是一种用于衡量预测值与实际值之间相对误差的指标,特别适用于比较不同规模变量的预测精度。在回归分析和预测任务中,MAPE通过计算预测值与真实值之间绝对百分比误差的平均值来评估模型的表现。其公式定义如下:

$$\text{MAPE} = \frac{100\%}{n} \sum_{i=1}^{n} |\frac{y_i - \hat{y}_i}{y_i}|$$

其中:y_i是第i个样本的真实值;

$\hat{y}_i$是第i个样本的预测值;

n是样本数量。

MAPE通过计算预测值与真实值之间的绝对百分比偏差,有效消除了数据规模的影响,使得不同规模或波动特性的数据集之间可以进行公平、准确地预测性能评估,适合于评估和比较具有显著差异性或波动幅度的数据集预测精确度。当实际值的大小对于预测结果的评价至关重要时,MAPE就显得尤为适用。在金融预测、销售预测、能源需求预测等诸多领域,MAPE常被用来作为评估模型预测精确度的关键工具之一。

误差度量方法的选择取决于具体应用场景和需求,如果关注的是总体误差的大小并且希望惩罚大的误差,可以选择MSE或RMSE;如果想要一个不受误差方向影响且对异常值不那么敏感的度量,则可选用MAE;当需要对比不同规模变量的预测准确性或者强调预测相对于实际值的比例时，MAPE 是合适的选择。此处，我们采用 RMSE 和 MAPE 评估模型性能如下：

```python
# 评估模型性能
from sklearn import metrics
import numpy as np
df=df[window_size-1:]
forecast=forecast[window_size-1:]
MSE = metrics.mean_squared_error(df['GRP'].values,forecast.values)
RMSE=np.sqrt(MSE)
print(f'RMSE= {RMSE}')
MAPE=[]
for i in range(0,len(forecast)):
    temp=np.abs(forecast.values[i] - df['GRP'].values[i])/
        df['GRP'].values[i]
    MAPE.append(temp)
print('MAPE= ',np.mean(MAPE))
```

运行结果如下：

```
RMSE= 374.5136393000017
MAPE= 0.10584271373424202
```

用 SMA 模型预测 GRP（移动窗口大小为 3），均方根误差（RMSE）为 374.51，平均绝对百分比误差（MAPE）为 10.6%。将移动窗口大小调整为 2，进行再次预测，RMSE 等于 196.8，MAPE 等于 5.5%。

3.1.2 二次移动平均法 QMA

二次移动平均法（Quadratic Moving Average，QMA）是一种在时

间序列分析领域广泛应用的预测技术手段,其核心功能在于有效地平滑数据波动并深入挖掘潜在的趋势信息。QMA首先对原始时间序列数据进行一次移动平均处理,再对初次得到的一次移动平均值进行移动平均计算。通过这种迭代式的平滑操作,QMA可以更深层次地提炼出潜在的趋势信号,QMA数值序列相较于原始数据及一次移动平均值序列,更能精准地捕捉到长期趋势的变化动态,对于预测未来走势、制定决策等方面具有重要的参考价值。具体步骤如下:

(1)对时间序列中的每个观测值,按照一定窗口长度计算一次移动平均值。

(2)将一次移动平均值视作新的时间序列,再对其应用同样的移动平均过程,得到二次移动平均值。

QMA减少了由于单纯一次移动平均而导致的趋势跟随延迟,提高了预测的灵敏度,能够更好地识别出时间序列数据中的线性趋势成分,特别适合用于具有明显趋势变动的时间序列预测。

3.1.2.1　模型拟合预测

以下基于甘肃省1978—2022年GRP数据,采用QMA进行预测。

```
import pandas as pd
import numpy as np
df = pd.read_excel('..\data.xls',sheet_name='data',index_col=0)
# 定义二次移动平均函数,这里以窗口大小为n为例
def quadratic_moving_average(data,n):
    #计算一次移动平均
    moving_avg = data.rolling(window=n).mean()
    #对一次移动平均进行再次移动平均得到二次移动平均
```

```
quadratic_avg = moving_avg.rolling(window=n).mean()
return quadratic_avg
window_size=2
forecast = quadratic_moving_average(df['GRP'],window_size)
df['forecast']=forecast
np.set_printoptions(precision=2)
display(df[['GRP','forecast']])
```

运行结果见表3-2。

表3-2 QMA模型GRP预测结果

year	GRP	fore-cast	year	GRP	forecast	year	GRP	forecast
1978	64.73	NaN	1993	372.24	319.80	2008	3071.70	2656.23
1979	67.51	NaN	1994	453.61	378.97	2009	3268.26	3021.70
1980	73.90	68.41	1995	557.76	459.31	2010	3943.73	3387.99
1981	70.89	71.55	1996	722.52	572.91	2011	4816.94	3993.17
1982	76.88	73.14	1997	793.57	699.09	2012	5393.12	4742.69
1983	91.50	79.04	1998	887.67	799.33	2013	6014.53	5404.43
1984	103.17	90.76	1999	956.32	881.31	2014	6518.39	5985.14
1985	123.39	105.31	2000	1052.88	963.30	2015	6556.55	6401.97
1986	140.74	122.67	2001	1125.37	1046.86	2016	6907.91	6634.85
1987	159.52	141.10	2002	1232.03	1133.91	2017	7336.74	6927.28
1988	191.84	162.91	2003	1399.94	1247.34	2018	8104.07	7421.37
1989	216.84	190.01	2004	1653.61	1421.38	2019	8718.30	8065.80
1990	242.80	217.08	2005	1864.63	1642.95	2020	8979.67	8630.08
1991	271.39	243.46	2006	2202.97	1896.46	2021	10243.31	9230.23
1992	317.79	275.84	2007	2675.12	2236.42	2022	11201.60	10166.97

3.1.2.2 结果分析

对预测值和实际值图形化对比程序如下,运行结果如图3-2。

```
# 可视化预测结果
import matplotlib.pyplot as plt
plt.rcParams['font.family'] = 'Microsoft YaHei'
plt.figure(figsize=(8,4))
plt.plot(df.index,df['GRP'],color='blue')
plt.plot(df.index,forecast,marker='.',color='red')
plt.legend(['实际值','预测值'])
plt.show()
```

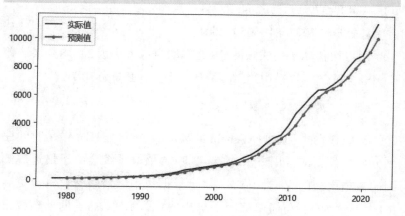

图3-2　QMA模型GRP实际值与预测值对比

对模型性能评估如下:

```
# 评估模型性能
from sklearn import metrics
df=df[window_size:]
forecast=forecast[window_size:]
MSE=metrics.mean_squared_error(df['GRP'].values,forecast.
```

```
values)
RMSE=np.sqrt(MSE)
print(f'RMSE= {RMSE}')
MAPE=[]
for i in range(0,len(forecast)):
    temp=np.abs(forecast.values[i] −    df['GRP'].values[i])/
            df['GRP'].values[i]
    MAPE.append(temp)
print('MAPE= ',np.mean(MAPE))
```

运行结果如下：

RMSE=379.19437626433574

MAPE=0.10746810605962591

用二次移动平均法预测 GRP（移动窗口大小为 2），均方根误差（RMSE）为 379.19，平均绝对百分比误差（MAPE）为 10.7%。

3.1.3 指数移动平均法 EMA

指数移动平均法（Exponential Moving Average, EMA）是时间序列分析和预测的常用方法，在计算 EMA 值时系统会赋予最近观测到的数据更高的权重，使 EMA 对于数据集中的最新变化具有更高的响应灵敏度。与简单移动平均法（SMA）相比，EMA 的动态权重分配机制能对复杂多变的数据进行有效平滑处理，从而反映数据潜在的趋势走向，使得 EMA 在捕捉市场波动、识别短期趋势转变等方面能及时反映最新的信息状态。

在实际计算中，EMA 的实现依赖于衰减因子（通常用 α 表示，其取值范围限定在 0~1）。每当有新的观测值加入时，该值将与上一时期的 EMA 值按照 α 的权重进行加权平均计算，生成更新后的 EMA 值。这种动态调整权重的方式确保了指数移动平均法能够以一种连续、渐进且适应性强的方式来描绘数据的时间序列特征。

以下基于甘肃省1978—2022年GRP数据，采用EMA模型进行拟合预测。

```
import pandas as pd
df = pd.read_excel('..\data.xls',sheet_name='data',index_col=0)
# 计算指数移动平均，EMA的参数alpha一般在0~1
alpha = 0.90
df['EMA_GRP'] = df['GRP'].ewm(alpha=alpha).mean()
# 输出结果
display(df[['GRP','EMA_GRP']].round(4))
```

dataframe.ewm()是Pandas库中提供的一个方法，用于计算滑动窗口内的指数加权移动平均（Exponential Weighted Moving Average, EWMA）。EWMA给予最近的数据点更高的权重，随着时间推移，过去数据点的权重逐渐指数衰减。以上程序运行结果见表3-3。

对预测值和实际值图形化对比程序如下，运行结果如图3-3。

```
# 可视化预测结果
importmatplotlib.pyplotasplt
plt.rcParams['font.family'] = 'Microsoft YaHei'
plt.figure(figsize=(8,4))
plt.plot(df.index,df['GRP'],color='blue')
plt.plot(df.index,df['EMA_GRP'],marker='.',color='red')
plt.legend(['实际值','预测值'])
plt.show()
```

表3-3 EMA模型GRP预测结果

year	GRP	EMA_GRP	year	GRP	EMA_GRP	year	GRP	EMA_GRP
1978	64.7300	64.7300	1993	372.2400	366.2995	2008	3071.7045	3026.9624
1979	67.5100	67.2573	1994	453.6100	444.8790	2009	3268.2572	3244.1277
1980	73.9000	73.2417	1995	557.7600	546.4719	2010	3943.7341	3873.7735
1981	70.8900	71.1250	1996	722.5200	704.9152	2011	4816.9434	4722.6264
1982	76.8800	76.3045	1997	793.5700	784.7045	2012	5393.1225	5326.0729
1983	91.5000	89.9805	1998	887.6700	877.3735	2013	6014.5300	5945.6843
1984	103.1700	101.8510	1999	956.3200	948.4253	2014	6518.3900	6461.1194
1985	123.3900	121.2361	2000	1052.8800	1042.4345	2015	6556.5500	6547.0069
1986	140.7400	138.7896	2001	1125.3700	1117.0765	2016	6907.9100	6871.8197
1987	159.5200	157.4470	2002	1232.0300	1220.5346	2017	7336.7400	7290.2480
1988	191.8400	188.4007	2003	1399.9400	1381.9995	2018	8104.0700	8022.6878
1989	216.8400	213.9961	2004	1653.6108	1626.4497	2019	8718.3000	8648.7388
1990	242.8000	239.9196	2005	1864.6320	1840.8138	2020	8979.6664	8946.5736
1991	271.3900	268.2430	2006	2202.9697	2166.7541	2021	10243.3051	10113.6320
1992	317.7900	312.8353	2007	2675.1200	2624.2834	2022	11201.6000	11092.8032

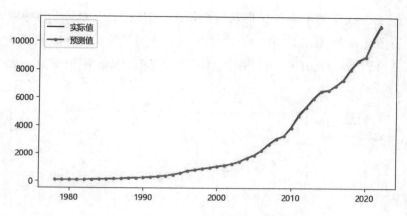

图3-3　GRP实际值与EMA模型预测值对比

计算RMSE和MAPE评估模型性能：

```
# 评估模型性能
from sklearn import metrics
import numpy as np
MSE = metrics.mean_squared_error(df['GRP'].values,
df['EMA_GRP'].values)
RMSE=np.sqrt(MSE)
print('RMSE= ',RMSE.round(4))
MAPE=[]
for i in range(0,len(df['EMA_GRP'])):
    temp=np.abs(df['EMA_GRP'].values[i] -
df['GRP'].values[i])/df['GRP'].values[i]
    MAPE.append(temp)
print('MAPE= ',np.mean(MAPE).round(4))
```

运行结果如下：

```
RMSE=42.2591
MAPE=0.0118
```

EMA模型预测GRP的均方根误差（RMSE）为3.923，平均绝对百分比误差（MAPE）为0.11%。在α取0.99时预测值与实际值基本重合；当α取0.01时，MAPE=55.31，预测值和实际值图形化对比如图3-4。

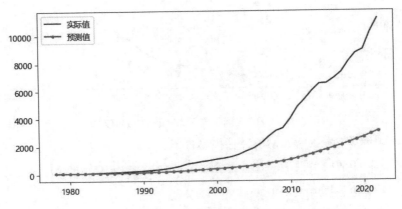

图3-4　GRP实际值与EMA模型预测值对比（α=0.01）

可以看出，对于GRP时间序列数据运用EMA模型进行预测时，随着衰减因子α不断减小，预测误差不断增大，GRP数据与近期数据相关性更高。

3.2　指数平滑法

指数平滑法（Exponential Smoothing，ES）根据时间序列中各数据点所处的不同位置，分配相应的权重来进行预测计算，以此捕捉并反映数据随时间变化的趋势，适用于不具备明显季节性波动和趋势变动特征的时间序列数据。指数平滑法采用动态加权机制赋予最近的数据点更高的权重系数（通常用参数α来表示），体现近期数据对未来预测值的影响程度。随着数据点距离当前时间点的推移，其对应的权重会按照某种衰减规律逐渐减小，这一过程可以形象地理解为数据点影响力的"指数级平滑过渡"。

在实际应用中,指数平滑法通过构建一个加权移动平均模型,将历史数据点依据各自权重进行整合,从而生成对未来时间点数值的预估。这种方法不仅能够有效利用全部历史信息,还能突出强调近期数据的变化趋势,使得预测结果更加贴近实际情况,因而在经济、金融、气象等诸多领域中得到了广泛应用。

指数平滑法包括三种主要形式,即一次、二次和三次指数平滑法。一次指数平滑法(Simple Exponential Smoothing, SES)是最基础的指数平滑形式,适用于没有明显趋势或季节性的数据序列,它仅基于过去的观测值对未来进行预测,通过设定一个平滑因子(α)来实现对历史数据的加权平均。二次指数平滑法(Double Exponential Smoothing, DES)在一次指数平滑的基础上增加了对趋势的考虑,通过引入第二个平滑系数(β)来跟踪数据的线性趋势变化,适用于具有明显线性趋势的时间序列数据。三次指数平滑法(Triple Exponential Smoothing, TES)也称为双参数线性指数平滑法(Two-Parameter Linear Exponential Smoothing)或 Holt-Winters 方法,除了考虑水平(level)和平稳趋势(trend)外,还引入了第三个平滑系数(γ)来处理季节性变化,这种方法适合于既有趋势又有季节性规律的时间序列数据。

每种形式都涉及对历史数据的不同部分进行不同程度的加权,并以此来进行预测,平滑系数的选择对模型性能至关重要。随着平滑级别的增加,模型能够捕捉更复杂的时间序列特征,但也相应地增加了模型的复杂性和所需参数的数量。指数平滑法的优势在于其简单、计算效率高,并且能够灵活地适应数据变化的速度,通过调整平滑系数可以较好地反映近期数据的变化趋势。这种方法也允许使用者根据实际需求和数据特点选择合适的平滑模型及

参数。

3.2.1　一次指数平滑法 SES

SES 是一种简单而实用的时间序列分析方法,用于预测没有明显趋势或季节性的数据。该方法假设数据点之间存在某种程度的相关性,且这种相关性随时间逐渐衰减。它通过赋予每个观测值一个权重来计算下一周期的预测值,较近的数据点获得较高的权重,较远的数据点则被赋予较低的权重,并且权重按照指数方式递减。公式如下:

$$S_t = \alpha Y_t + (1 - \alpha)S_{t-1}$$

其中:S_t 是在时间点 t 的平滑值,也是对未来时间点 t+1 的预测值;

Y_t 是在时间点 t 的实际观测值。

α 是平滑系数(或称作权重参数),其取值范围在 0~1,决定了新观测值和前期平滑值之间的相对重要性。当 α 接近 1 时,模型更侧重于最近的观测值,使得平滑值对新数据变化更为敏感,适合于数据波动剧烈或短期趋势明显的场景。α 接近 0 时,模型则更多依赖过去的平滑值,意味着预测值倾向于追踪时间序列的长期趋势,而非快速响应短期波动。

以下基于甘肃省 1978—2022 年 GRP 数据,采用 SES 模型进行拟合预测。

3.2.1.1　模型拟合测试

```
# 导入所需的库
import pandas as pd
import numpy as np
from statsmodels.tsa.holtwinters import ExponentialSmoothing
#加载数据
```

```
df=pd.read_excel('../data.xls',sheet_name='data',index_col=0)
```

#GRP数据总长为45，用前40个数据拟合模型，后5个数据用于预测测试。

```
fitsize=40
```

应用一次指数平滑法

```
model = ExponentialSmoothing(df['GRP'][:fitsize].values,seasonal
=None,trend=None,damped=False)
```

训练模型

```
fitted_model = model.fit()
print(fitted_model.summary())
```

输出信息如图3-5。

```
                    ExponentialSmoothing Model Results
==================================================================================
Dep. Variable:                    endog   No. Observations:                     40
Model:              ExponentialSmoothing   SSE                           3297498.562
Optimized:                         True   AIC                               456.792
Trend:                             None   BIC                               460.170
Seasonal:                          None   AICC                              457.935
Seasonal Periods:                  None   Date:                    Sat, 02 Mar 2024
Box-Cox:                          False   Time:                            19:27:51
Box-Cox Coeff.:                    None
==================================================================================
                      coeff                code              optimized
----------------------------------------------------------------------------------
smoothing_level      0.9950000             alpha                  True
initial_level        39.735333             1.0                    True
----------------------------------------------------------------------------------
```

图3-5　SES模型摘要信息

预测未来 len(df)-fitsize 个值

```
forecast = fitted_model.forecast(len(df)-fitsize)
fit=fitted_model.fittedvalues
df1=df[fitsize:]
df1['forecast']=forecast
display(round(df1[['GRP','forecast']],4))
```

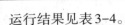

运行结果见表3-4。

表3-4　SES模型预测GRP结果

year	GRP	forecast	year	GRP	forecast
2018	8104.0700	7334.5871	2021	10243.3051	7334.5871
2019	8718.3000	7334.5871	2022	8104.0700	7334.5871
2020	8979.6664	7334.5871			

3.2.1.2　结果分析

对预测值和实际值图形化对比如下,运行结果如图3-6。

```
# 可视化预测结果
import matplotlib.pyplot as plt
plt.rcParams['font.family'] = 'Microsoft YaHei'
plt.figure(figsize=(8,4))
plt.plot(df1.index,df1['GRP'].values,marker='8',color='blue')
plt.plot(df1.index,df1['forecast'].values,marker='s',color='red')
plt.legend(['实际值','预测值'])
plt.ylim(bottom=2000)
plt.xticks(range(df1.index[0],df1.index[len(df1)−1]+1))
plt.show()
```

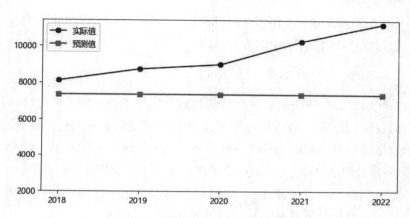

图3-6 GRP实际值与SES模型预测值对比

计算RMSE和MAPE评估模型性能：

```
# 评估模型性能
from sklearn import metrics
import numpy as np
MSE = metrics.mean_squared_error(df['GRP'][fitsize:].values,
forecast)
RMSE=np.sqrt(MSE)
print('RMSE= ',round(RMSE,4))
MAPE=[]
for i in range(0,len(forecast)):
  temp=np.abs(forecast[i] − df['GRP'][fitsize:].values[i])/
df['GRP'][fitsize:].values[i]
  MAPE.append(temp)
print('MAPE= ',round(np.mean(MAPE),4))
```

运行结果如下：

```
RMSE=2392.8009
MAPE=0.2132
```

SES 模型预测 GRP 的均方根误差（RMSE）为 2 392.800 9，平均绝对百分比误差（MAPE）为 21.32%。

3.2.2　二次指数平滑法 DES

DES 是在一次指数平滑法的基础上增加了一个额外的组件来捕捉时间序列中的线性趋势。这种方法假设除了有随机波动外，数据还具有恒定的上升或下降趋势。DES 包括水平（Level）和趋势（Trend）两个基本组成部分，水平部分类似于一次指数平滑，用来估算时间序列的基本水平或平均值；趋势部分用于捕捉数据随时间的线性趋势。数学表达上，DES 由两组更新方程组成：

对于水平 $St=\alpha Yt+(1-\alpha)(St-1+bt-1)$

对于趋势 $bt=\beta(St-St-1)+(1-\beta)bt-1$

其中：Yt 是时间点 t 的实际观测值；

St 是时间点 t 的平滑水平（即当前预测值）；

bt 是时间点 t 的平滑趋势；

α 是水平平滑系数，取值范围在 0~1，它决定近期观测值相对于过去平滑水平的影响程度；

β 是趋势平滑系数，同样取值在 0~1，它控制着当前趋势变化相对于过去趋势变化的影响大小。

预测未来某个时间点 $t+h$ 的值时，不仅使用平滑水平 S_t，还会加上 h 时间步长乘以平滑趋势 b_t：

$$F_{t+h|t}=S_t+hb_t$$

这里 $F_{t+h|t}$ 表示在时间 t 预测 $t+h$ 时刻的值。

选择 α 和 β 的最佳值通常通过某种优化过程实现，比如最小化预测误差的平方和。DES 能够更好地适应具有平稳趋势的时间序列数据，但对于包含季节性变化的时间序列，需要进一步扩展到三次指数平滑法。

以下基于甘肃省1978—2022年GRP数据,采用DES模型进行拟合预测。

3.2.2.1 模型拟合测试

```python
# 导入所需的库
import pandas as pd
import numpy as np
from statsmodels.tsa.holtwinters import ExponentialSmoothing
#加载数据
df=pd.read_excel('../data.xls',sheet_name='data',index_col=0)
#GRP数据总长为45,用前40个数据拟合模型,后5个数据用
于预测测试。
fitsize=40
# 初始化二次指数平滑模型
model = ExponentialSmoothing(df['GRP'][:fitsize].values,seasonal
='mul',trend='add',damped_trend=False,seasonal_periods=4)
# 训练模型
fitted_model = model.fit()
fit=fitted_model.fittedvalues
print(fitted_model.summary())
```

输出信息如图3-7。

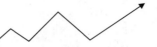

```
               ExponentialSmoothing Model Results
================================================================================
Dep. Variable:                  endog   No. Observations:                40
Model:          ExponentialSmoothing   SSE                        744462.285
Optimized:                       True   AIC                           401.262
Trend:                       Additive   BIC                           408.017
Seasonal:                        None   AICC                          403.807
Seasonal Periods:                None   Date:             Sat, 02 Mar 2024
Box-Cox:                        False   Time:                        19:26:57
Box-Cox Coeff.:                  None
================================================================================
                     coeff                   code            optimized
--------------------------------------------------------------------------------
smoothing_level      0.9950000               alpha               True
smoothing_trend      0.5922619               beta                True
initial_level        39.735333               1.0                 True
initial_trend        10.452303               b.0                 True
--------------------------------------------------------------------------------
```

图3-7　DES模型摘要信息

```
# 预测未来 len(df)-fitsize 个值
forecast = fitted_model.forecast(len(df)-fitsize)
fit=fitted_model.fittedvalues
df1=df[fitsize:]
df1['forecast']=forecast
display(round(df1[['GRP','forecast']],4))
```

运行结果见表3-5。

表3-5　DES模型预测GRP结果

year	GRP	forecast	year	GRP	forecast
2018	8104.0700	7715.7144	2021	10243.3051	8854.4546
2019	8718.3000	8095.2945	2022	11201.6000	9234.0346
2020	8979.6664	8474.8745			

3.2.2.2　结果分析

对预测值和实际值图形化对比如下，运行结果如图3-8。

```
# 可视化预测结果
import matplotlib.pyplot as plt
plt.rcParams['font.family'] = 'Microsoft YaHei'
plt.figure(figsize=(8,4))
plt.plot(df1.index,df1['GRP'].values,marker='8',color='blue')
plt.plot(df1.index,df1['forecast'].values,marker='s',color='red')
plt.legend(['实际值','预测值'])
plt.ylim(bottom=5000)
plt.show()
```

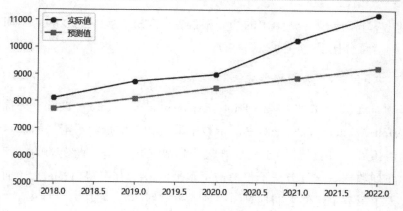

图 3-8　GRP 实际值与 DES 模型预测值对比

计算 RMSE 和 MAPE 评估模型性能：

```
# 评估模型性能
from sklearn import metrics
import numpy as np
MSE = metrics.mean_squared_error(df['GRP'][fitsize:].values,
forecast)
RMSE=np.sqrt(MSE)
```

```
print('RMSE= ',round(RMSE,4))
MAPE=[]
for i in range(0,len(forecast)):
    temp=np.abs(forecast[i] − df['GRP'][fitsize:].values[i])/
            df['GRP'][fitsize:].values[i]
    MAPE.append(temp)
print('MAPE= ',round(np.mean(MAPE),4))
```

运行结果如下：

RMSE=1148.3893

MAPE=0.0974

DES模型预测GRP的均方根误差（RMSE）为1 148.3 893，平均绝对百分比误差（MAPE）为9.74%。

3.2.3　三次指数平滑法TES

三次指数平滑法（Triple Exponential Smoothing，TES），又称Holt-Winters方法，是对一次指数平滑法和二次指数平滑法的进一步拓展，专门设计用于处理既包含趋势又包含季节性变动的时间序列数据。这种方法不仅考虑了水平（Level）和趋势（Trend），还加入了第三个组件来捕捉时间序列的季节性（Seasonality）。TES有三个主要参数，即水平平滑系数（α）、趋势平滑系数（β）和季节性平滑系数（γ）。α控制数据当前观测值对平滑水平的影响程度；β决定趋势部分如何从相邻时期的差分中提取信息；γ衡量季节性影响在每个周期内如何调整。TES的计算公式如下：

更新Level：$S_t=\alpha(Y_t-s_{t-m})+(1-\alpha)(S_{t-1}+b_{t-1})$

更新Trend：$b_t=\beta(S_t-S_{t-1})+(1-\beta)b_{t-1}$

更新Seasonal Component：$s_t=\gamma(Y_t-S_t)+(1-\gamma)s_{t-m}$

预测未来的值时，将结合最新的Level、Trend以及相应的Seasonal Component：

$$F_{t+mlt}=S_t+m*b_t+s_{t+m-i}$$

其中：F_{t+mlt}表示在时间 t 预测 $t+m$ 时刻的值。

选择合适的 α、β 和 γ 参数通常需要通过某种优化手段，例如最小化残差平方和或使用自动优化算法来确定。由于三次指数平滑法能够同时处理趋势和季节性，因此它在许多现实时间序列预测问题中更为有效。以下基于甘肃省 1978—2022 年 GRP 数据，采用 TES 模型进行拟合预测。

3.2.3.1　模型拟合预测

```
# 导入所需的库
import numpy as np
import pandas as pd
from statsmodels.tsa.holtwinters import ExponentialSmoothing
#加载数据
df=pd.read_excel('../data.xls',sheet_name='data',index_col=0)
data=df['GRP'].values
#GRP数据总长为45,用前40个数据拟合模型,后5个数据用
于预测测试。
fitsize=40
# 初始化二次指数平滑模型
model = ExponentialSmoothing(df['GRP'][:fitsize].values,trend =
'add',seasonal='mul', damped_trend=False,seasonal_periods=4)
# 训练模型
fitted_model = model.fit()
print(fitted_model.summary())
```

输出信息如图 3-9。

```
                    ExponentialSmoothing Model Results
==============================================================================
Dep. Variable:                    endog   No. Observations:                40
Model:            ExponentialSmoothing   SSE                       754560.265
Optimized:                         True   AIC                          409.800
Trend:                         Additive   BIC                          423.311
Seasonal:                Multiplicative   AICC                         417.387
Seasonal Periods:                     4   Date:             Sat, 02 Mar 2024
Box-Cox:                          False   Time:                       19:27:15
Box-Cox Coeff.:                    None
==============================================================================
                         coeff               code            optimized
------------------------------------------------------------------------------
smoothing_level        0.9242872           alpha                  True
smoothing_trend        0.9242810            beta                  True
smoothing_seasonal     0.0757052           gamma                  True
initial_level          36.434612            1.0                   True
initial_trend          16.383795            b.0                   True
initial_seasons.0      1.3675441            s.0                   True
initial_seasons.1      1.3832378            s.1                   True
initial_seasons.2      1.3773361            s.2                   True
initial_seasons.3      1.4212322            s.3                   True
------------------------------------------------------------------------------
```

图 3-9　TES 模型摘要信息

```
# 预测未来 len(df)-fitsize 个值
forecast = fitted_model.forecast(len(df)-fitsize)
df1=df[fitsize:]
df1['forecast']=forecast
display(round(df1[['GRP','forecast']],4))
```

运行结果见表 3-6。

表 3-6　TES 模型预测 GRP 结果

year	GRP	forecast	year	GRP	forecast
2018	8104.07	7882.38	2021	10243.3	9071.77
2019	8718.3	8225.33	2022	11201.6	9653.56
2020	8979.67	8668.2			

3.2.3.2　结果分析

```
# 可视化预测结果
import matplotlib.pyplot as plt
plt.rcParams['font.family'] = 'Microsoft YaHei'
plt.figure(figsize=(8,4))
plt.plot(df1.index,df1['GRP'].values,marker='8',color='blue')
plt.plot(df1.index,df1['forecast'].values,marker='s',color='red')
plt.legend(['实际值','预测值'])
plt.ylim(bottom=5000)
plt.show()
```

对预测值和实际值图形化对比结果如图3-10所示。

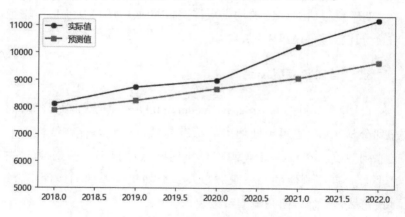

图3-10　GRP实际值与TES模型预测值对比

```
# 评估模型性能
from sklearn import metrics
import numpy as np
MSE = metrics.mean_squared_error(df['GRP'][fitsize:].values,
forecast)
```

```
RMSE=np.sqrt(MSE)
print('RMSE= ',round(RMSE,4))
MAPE=[]
for i in range(0,len(forecast)):
    temp=np.abs(forecast[i] − df['GRP'][fitsize:].values[i]/
            df['GRP'][fitsize:].values[i]
    MAPE.append(temp)
print('MAPE= ',round(np.mean(MAPE),4))
```

运行结果如下：

RMSE=911.9341

MAPE=0.0742

　　TES模型预测GRP的均方根误差（RMSE）为911.9341，平均绝对百分比误差（MAPE）为7.42%。

3.3　自回归模型AR

　　自回归模型（Autoregressive model，AR）是一种统计学上的时间序列分析工具，适用于处理当前状态与其过去状态存在线性关系的序列数据。在自回归模型中，给定时间点t的观测值表示为过去几个时间点观测值的加权求和以及一个随机误差项的线性组合，一般形式的p阶自回归模型可以表示为：

$$y_t = c + \phi_1 y_{t-1} + \phi_2 y_{t-2} + ... + \phi_p y_{t-p} + \varepsilon_t$$

　　其中：y_t是当前时间点的观测值；

　　　　　c是常数项（可能不存在，取决于模型是否包含截距项）；

　　　　　$\phi_1, \phi_2, ..., \phi_p$是自回归系数，反映了过去$p$个时期观测值对当前观测值的影响程度；

　　　　　$y_{t-1}, y_{t-2}, ..., y_{t-p}$是过去$p$个时期的观测值；

ε_t是独立同分布的随机误差项,通常假定其具有零均值和恒定方差。

自回归模型在经济学、金融学、信号处理、气象学、生态学以及机器学习中的自然语言处理领域都有广泛应用。在自然语言处理中,自回归模型通过学习文本历史上下文来预测下一个单词,从而生成连贯的文本。

使用自回归模型应满足以下前提条件:

(1)序列需满足平稳性,或者经过某种变换后可以转化为平稳序列。

(2)自回归系数应满足稳定性条件,即自回归多项式的根落在单位圆内,以保证模型预测的稳定性和因果性。

(3)序列本身需具备自相关性,即过去的值对现在值的影响显著。

相较于其他复杂的预测模型,自回归方法在实施过程中对所需的历史数据量要求相对较低。它利用时间序列自身的特性,仅通过自身变数数列的发展趋势和模式,就能够对未来一段时间内的数值进行预测推断,极大地简化了数据收集和处理的过程。自回归方法进行有效预测的数据序列必须具备显著的自相关性,即当前时刻的数据值与过去某一或多个时间点上的数据值之间存在着稳定且可度量的相关关系。自相关系数是衡量这种自相关性强弱的关键指标,当数据序列的自相关系数低于0.5时,意味着过去的数值对当前数值的影响相对较弱,此时若坚持采用自回归方法进行预测,可能会导致预测结果偏离实际情形较大,预测精度严重下降,甚至可能产生误导性的结论。因此,在实践中,若发现数据序列的自相关系数未达到理想阈值(如0.5),则要考虑是否继续使用自回归方法,以免影响最终预测结果的准确性与可靠性。选择恰当的自回归模型阶数 p 是一个重要的步骤,可以通过多种信息准则(如 AIC、BIC 或 FPE 准则)或通过自相关函数(ACF)和偏自相关函数(PACF)的图形分析来确定。

以下基于甘肃省 1978—2022 年 GRP 数据,采用 AR 模型进行拟合预测。

3.3.1 模型拟合预测

```python
# 导入所需的库
import pandas as pd
import numpy as np
from statsmodels.tsa.ar_model import AutoReg
#加载数据
df=pd.read_excel('..\data.xls', sheet_name='data',index_col=0)
# AR 模型拟合
train_size=40
ar_model = AutoReg(df['GRP'][:train_size],3).fit()
print(ar_model.summary())
```

输出信息如图 3-11。

```
                        AutoReg Model Results
==============================================================================
Dep. Variable:                   GRP   No. Observations:               40
Model:                    AutoReg(3)   Log Likelihood             -233.645
Method:            Conditional MLE     S.D. of innovations         133.727
Date:              Mon, 04 Mar 2024    AIC                         477.291
Time:                      09:58:41    BIC                         485.345
Sample:                           3    HQIC                        480.130
                                 40
==============================================================================
                 coef    std err          z      P>|z|      [0.025      0.975]
------------------------------------------------------------------------------
const         38.9513     29.586      1.317      0.188     -19.037      96.939
GRP.L1         1.6612      0.164     10.144      0.000       1.340       1.982
GRP.L2        -0.7177      0.302     -2.374      0.018      -1.310      -0.125
GRP.L3         0.0878      0.186      0.473      0.636      -0.276       0.451
                                 Roots
==============================================================================
                  Real          Imaginary           Modulus         Frequency
------------------------------------------------------------------------------
AR.1            0.9394           +0.0000j            0.9394            0.0000
AR.2            2.6356           +0.0000j            2.6356            0.0000
AR.3            4.6005           +0.0000j            4.6005            0.0000
------------------------------------------------------------------------------
```

图 3-11 AR 模型摘要信息

```
predict = ar_model.predict(train_size,len(df)-1)

df1=df[train_size:]

df1['forecast']=predict.values

display(round(df1[['GRP','forecast']],4))
```

运行结果见表 3-7。

表 3-7 AR 模型 GRP 预测结果

year	GRP	forecast	year	GRP	forecast
2018	8104.0700	7844.6654	2021	10243.3051	9685.3198
2019	8718.3000	8411.5160	2022	11201.6000	10388.6577
2020	8979.6664	9026.2877			

3.3.2 结果分析

对预测值和实际值图形化对比如下,运行结果如图 3-12。

```
# 可视化预测结果
import matplotlib.pyplot as plt
plt.rcParams['font.family'] = 'Microsoft YaHei'
plt.figure(figsize=(8, 4))
plt.plot(df1.index,df1['GRP'].values,marker='8',color='blue')
plt.plot(df1.index,predict,marker='s', color='red')
plt.legend(['实际值', '预测值'])
plt.ylim(bottom=6000)
plt.xticks(range(df1.index[0],df.index[len(df1)]+1))
plt.show()
```

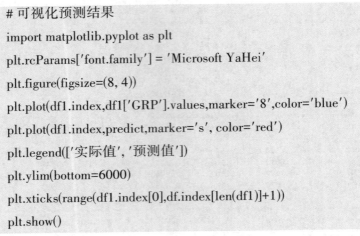

图3-12　GRP实际值与AR模型预测值对比

计算RMSE和MAPE评估模型性能：

```
# 评估模型性能
from sklearn import metrics
import numpy as np
MSE = metrics.mean_squared_error(df1['GRP'].values, predict)
RMSE=np.sqrt(MSE)
print('RMSE= ',round(RMSE,4))
```

```
MAPE=[]
for i in range(0,len(df1)):
    temp=np.abs(df1['forecast'].values[i] − df1['GRP'].values[i])/
            df1['GRP'].values[i]
    MAPE.append(temp)
print('MAPE= ',round(np.mean(MAPE),4))
```

运行结果如下：

RMSE= 476.6138

MAPE= 0.0399

AR 模型预测 GRP 数据的均方根误差（RMSE）为 476.613 8，平均绝对百分比误差（MAPE）为 3.99%。

3.4　自回归移动平均模型 ARMA

自回归移动平均模型（Autoregressive Moving Average Model，ARMA）结合了自回归模型（AR）和移动平均模型（MA）的特点，AR 模型着重于通过当前值与过去若干期数值之间的线性关系来描述和预测序列行为，而 MA 模型则侧重于利用随机误差项的历史信息来捕捉序列的变化动态。ARMA 模型将这两者的优势相结合，既考虑了历史观测值的影响，又纳入了随机扰动项的历史效应，从而能够更全面、更精确地模拟和理解复杂的时间序列数据结构及其演变规律。通过灵活设定模型参数，ARMA 模型能够在众多实际应用场景中发挥强大的预测和分析功能，广泛应用于经济学、金融学、信号处理、气象学等诸多领域。

在 $ARMA(p,q)$ 模型中 p 代表自回归项的阶数，即过去 p 期的值对当前值有影响；q 代表移动平均项的阶数，即过去 q 期的随机扰动项对当前值有影响。ARMA 模型的一般形式可以表示为：

$$X_t = c + \phi_1 X_{t-1} + \phi_2 X_{t-2} + \ldots + \phi_p X_{t-p} + \epsilon_t + \theta_1 \epsilon_{t-1} + \theta_2 \epsilon_{t-2} + \ldots + \theta_q \epsilon_{t-q}$$

其中：c 是常数项；

　　　X_t 是当前时刻的观测值；

　　　ϕ_i 是自回归系数；

　　　θ_j 是移动平均系数；

　　　ϵ_t 是白噪声项，表示随机误差或者随机冲击。

ARMA 模型的选择通常基于对历史数据的分析，通过识别其自相关函数（ACF）和偏自相关函数（PACF）的特征来确定合适的 p 和 q 值，然后进行参数估计、模型检验等步骤，最终用于对未来数据的预测。

新版本 statsmodels.tsa 库不再单独支持 ARMA 模型，改用 SARIMAX 模型实现，此节我们用 SARIMAX 模型实现 ARMA，即不使用季节性参数，并且差分次数 d 取 0。

以下基于甘肃省 1978—2022 年 GRP 数据，采用 ARMA 模型进行拟合预测。

3.4.1 模型拟合

```
# 导入所需的库
import pandas as pd
from statsmodels.tsa.statespace.sarimax import SARIMAX
import matplotlib.pyplot as plt
df = pd.read_excel('..\data.xls',sheet_name='data',index_col=0,)
# 根据本书 2.2.2 节（AIC 和 BIC 计算）结果，对于甘肃省历年
GRP 数据，p=4,q=1
p,d,q = 4,0,1
predicted_size=5
# 训练 ARMA 模型
```

```
model = SARIMAX(df['GRP'][:-predicted_size],order=(p,d,q))
results = model.fit()
# 检查模型参数和统计信息
print(results.summary())
```

输出信息如图3-13。

```
                               SARIMAX Results
==============================================================================
Dep. Variable:                    GRP   No. Observations:                   40
Model:               SARIMAX(4, 0, 1)   Log Likelihood                -252.834
Date:                Mon, 12 Feb 2024   AIC                            517.669
Time:                        09:35:00   BIC                            527.802
Sample:                             0   HQIC                           521.333
                                 - 40
Covariance Type:                  opg
==============================================================================
                 coef    std err          z      P>|z|      [0.025      0.975]
------------------------------------------------------------------------------
ar.L1          1.3225      0.282      4.694      0.000       0.770       1.875
ar.L2         -0.3406      0.547     -0.623      0.533      -1.412       0.731
ar.L3          0.5855      0.363      1.615      0.106      -0.125       1.296
ar.L4         -0.5736      0.191     -3.003      0.003      -0.948      -0.199
ma.L1          0.4992      0.303      1.645      0.100      -0.096       1.094
sigma2      1.418e+04   2496.958      5.680      0.000    9289.700     1.91e+04
===================================================================================
Ljung-Box (L1) (Q):                   0.16   Jarque-Bera (JB):                26.45
Prob(Q):                              0.69   Prob(JB):                         0.00
Heteroskedasticity (H):             855.11   Skew:                             0.42
Prob(H) (two-sided):                  0.00   Kurtosis:                         6.89
===================================================================================
```

图3-13　ARMA模型摘要信息

3.4.2　模型测试

```
# 使用训练好的模型进行预测
forecast = results.get_forecast(steps=predicted_size)
predicted_values = forecast.predicted_mean
display(predicted_values.values.round(2))
```

运行结果如下：

[7436.37, 7619.42, 7877.11, 7967.91, 8050.26]

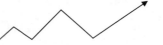

3.4.3 结果分析

对预测值和实际值图形化对比如下，运行结果如图3-14。

```
import matplotlib.pyplot as plt
plt.rcParams['font.family'] = 'Microsoft YaHei'
plt.figure(figsize=(8,4))
# 绘制实际值数据
plt.plot(df[-predicted_size:].index,df['GRP'][-predicted_size:],
'b-',marker='s',label='实际值')
# 绘制预测值数据
plt.plot(df[-predicted_size:].index,predicted_values,marker='o',
color='red',label='预测值')
plt.xticks(df[-predicted_size:].index.values)
plt.legend(loc='lower right')# 添加图例
plt.ylim(bottom=5000)
plt.show()# 显示图形
```

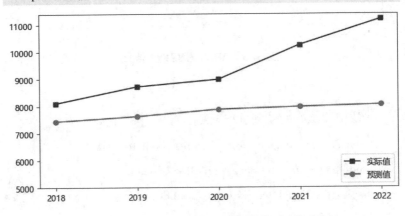

图 3-14　GRP 实际值与 ARMA 模型预测值对比

计算 RMSE 和 MAPE 评估模型性能：

```
# 评估模型性能
from sklearn import metrics
import numpy as np
MSE = metrics.mean_squared_error(df['GRP'][-predicted_size:],
predicted_values)
RMSE=np.sqrt(MSE)
print(f'RMSE= {RMSE:.4f}')
MAPE=[]
for i in range(0,len(predicted_values)):
    temp=np.abs(predicted_values.values[i] -
        df['GRP'][-predicted_size:].values[i])/
        df['GRP'][-predicted_size:].values[i]
    MAPE.append(temp)
print(f'MAPE= {np.mean(MAPE):.4f}')
```

运行结果如下：

RMSE=1896.1726

MAPE=0.1669

模型均方根误差（RMSE）为 1 896.17，平均绝对百分比误差（MAPE）为 16.69%。

3.5 自回归积分移动平均模型 ARIMA

自回归积分移动平均模型（Autoregressive Integrated Moving Average Model, ARIMA）综合了自回归（AR）、差分（Integrated）和移动平均（MA）三种成分，能够将非平稳序列转换为平稳序列并对其进行预测。在 ARIMA(p,d,q)模型中，p 表示自回归项的阶数，指的是当前值依赖于过去 p 期的自身值的程度；d 表示差分阶数，是使原

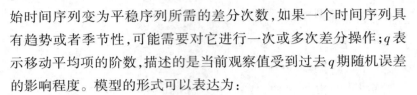

始时间序列变为平稳序列所需的差分次数，如果一个时间序列具有趋势或者季节性，可能需要对它进行一次或多次差分操作；q 表示移动平均项的阶数，描述的是当前观察值受到过去 q 期随机误差的影响程度。模型的形式可以表达为：

$$(1-\phi_1 L-\phi_2 L^2-\cdots-\phi_p L^p)(1-L)^d X_t=(1+\theta_1 L+\theta_2 L^2+\cdots+\theta_q L^q)\varepsilon_t$$

其中：L 是滞后算子；

ϕ_i 是自回归系数；

θ_j 是移动平均系数；

$(1-L)^d$ 描述了差分过程，d 次差分意味着对原序列进行了 d 阶差分处理；

ε_t 是白噪声序列，表示独立同分布的随机误差项，且期望值为零。

选择 ARIMA 模型时，通常会采用单位根检验、自相关函数（ACF）、偏自相关函数（PACF）等统计工具来判断序列是否平稳，以及确定最优的 p、d 和 q 参数。模型建立后，通过估计参数并验证模型拟合度，最终可用来对未来的数据点进行预测。

3.5.1　ARIMA 模型预测 GRP

以下基于甘肃省 1978—2022 年 GRP 数据，采用 ARIMA 模型进行拟合预测。

3.5.1.1　单位根检验

ARIMA 模型对于平稳时间序列数据或者经过差分后变为平稳的时间序列才能应用，所以在使用 ARIMA 模型之前要进行平稳性检验是非常关键。按照 2.3 节计算结果，甘肃省 1978—2022 年 GRP 数据经过三次差分后达到平稳，此处直接加载数据并进行三次差分处理，对差分序列进行 ADF 检验。

```
# 导入所需的库
import pandas as pd
import numpy as np
from statsmodels.tsa.stattools import adfuller
# 加载数据
df=pd.read_excel('..\data.xls', sheet_name='data',index_col=0)
df_diff1=np.diff(df['GRP'])
df_diff2=np.diff(df_diff1)
df_diff3=np.diff(df_diff2)
# 对GDP数据进行ADF单位根检验
result = adfuller(df_diff3)
# 解析ADF检验结果
def print_adf_results(result):
    print('ADF Statistic: %f' % result[0])
    print('p-value: %f' % result[1])
    print('Critical Values:')
    for key, valueinresult[4].items():
        print(' %s: %.3f' % (key, value))
print_adf_results(result)
# 判断单位根检验的结果
if result[1] <= 0.05:
    print('拒绝原假设,数据不存在单位根,是平稳时间序列')
else:
    print('无法拒绝原假设,数据可能存在单位根,是非平稳时
间序列')
```

运行结果如下：

ADF Statistic: −3.646320

p-value: 0.004935

Critical Values:

    1%: −3.646

    5%: −2.954

    10%: −2.616

拒绝原假设,数据不存在单位根,是平稳时间序列

从以上结果可以看出,ADF=−3.646 320,小于10%标准下的临界值−2.616,说明在1%、5%、10%三个水平上都是平稳的。P-value =0.004 935,小于5%,说明序列是不平稳的。

3.5.1.2　自相关检验

完成平稳性检验并确保数据达到平稳状态之后,就可以进一步确定 ARIMA 模型的参数 p(自回归项数)、d(差分次数)和 q(移动平均项数),然后构建和估计 ARIMA 模型。由 2.2 节计算可知,甘肃省 1978—2022 年 GRP 数据的 $p=4$,$q=1$。以下绘制 GRP 序列的 ACF 图和 PACF 图进行观察判断:

```
import pandas as pd
import matplotlib.pyplot as plt
from statsmodels.tsa.stattools import acf, pacf
from statsmodels.graphics.tsaplots import plot_acf, plot_pacf
np.random.seed(1)
series=df['GRP']
plt.figure(figsize=(12, 8))
fig, axes = plt.subplots(2, 1)
plot_acf(series, lags=20, ax=axes[0],zero=False)
plot_pacf(series,lags=20, ax=axes[1],zero=False)
plt.tight_layout()
plt.show()
```

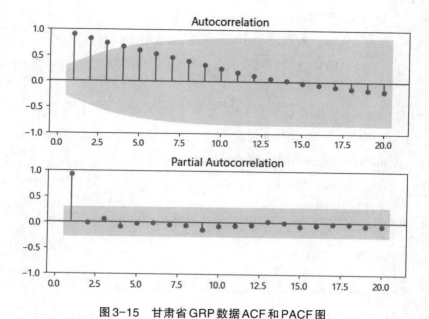

图3-15 甘肃省GRP数据ACF和PACF图

从图3-15可以观察得出：$p=4$, $q=1$。p和q也可以通过计算得出，程序如下：

```
import statsmodels.api as sm
trend_evaluate=sm.tsa.arma_order_select_ic(series, ic=['aic',
'bic'], trend='n',max_ar=5,max_ma=5)
print('train AIC', trend_evaluate.aic_min_order)
print('train BIC', trend_evaluate.bic_min_order)
```

运行结果为：

```
train AIC (4, 1)

train BIC (2, 1)
```

根据AIC，$p=4$, $q=1$。

3.5.1.3 模型拟合

```
from statsmodels.tsa.arima.model import ARIMA
# 定义ARIMA模型参数, p、d、q分别代表自回归项、差分阶数
和移动平均项
p, d, q = 4, 3, 1
# 创建并训练ARIMA模型
model = ARIMA(df['GRP'], order=(p, d, q))
results = model.fit()
# 模型结果摘要
print(results.summary())
```

输出信息如图3-16。

```
                              SARIMAX Results
==============================================================================
Dep. Variable:                    GRP   No. Observations:                   45
Model:                 ARIMA(4, 3, 1)   Log Likelihood                -281.874
Date:                Sun, 07 Jan 2024   AIC                            575.748
Time:                        17:25:49   BIC                            586.174
Sample:                             0   HQIC                           579.570
                                 - 45
Covariance Type:                  opg
==============================================================================
                 coef    std err          z      P>|z|      [0.025      0.975]
------------------------------------------------------------------------------
ar.L1         -0.4648      0.163     -2.852      0.004      -0.784      -0.145
ar.L2         -0.5823      0.300     -1.943      0.052      -1.170       0.005
ar.L3          0.0114      0.180      0.063      0.949      -0.342       0.365
ar.L4         -0.2438      0.342     -0.713      0.476      -0.914       0.426
ma.L1         -0.9990      8.252     -0.121      0.904     -17.173      15.175
sigma2      3.454e+04    2.8e+05      0.123      0.902    -5.14e+05    5.83e+05
===================================================================================
Ljung-Box (L1) (Q):                   0.02   Jarque-Bera (JB):                57.30
Prob(Q):                              0.90   Prob(JB):                         0.00
Heteroskedasticity (H):             801.11   Skew:                             1.34
Prob(H) (two-sided):                  0.00   Kurtosis:                         8.05
===================================================================================
```

图3-16　ARIMA模型摘要信息

输出GRP原始值和模型拟合值：

df['forecast']=results.fittedvalues.values

display(np.round(df[['GRP','forecast']],2))

运行结果见表3-8。

表3-8 ARIMA模型GRP数据拟合结果

year	GRP	forecast	year	GRP	forecast	year	GRP	forecast
1978	64.73	0.00	1993	372.24	362.91	2008	3071.70	3019.76
1979	67.51	131.13	1994	453.61	419.90	2009	3268.26	3469.50
1980	73.90	61.89	1995	557.76	527.49	2010	3943.73	3597.19
1981	70.89	80.35	1996	722.52	643.73	2011	4816.94	4516.52
1982	76.88	62.03	1997	793.57	861.82	2012	5393.12	5382.52
1983	91.50	84.50	1998	887.67	879.91	2013	6014.53	6093.81
1984	103.17	99.64	1999	956.32	1034.55	2014	6518.39	6718.22
1985	123.39	118.58	2000	1052.88	1016.94	2015	6556.55	7037.72
1986	140.74	145.50	2001	1125.37	1185.71	2016	6907.91	6977.09
1987	159.52	157.57	2002	1232.03	1195.16	2017	7336.74	7395.05
1988	191.84	185.72	2003	1399.94	1353.39	2018	8104.07	7591.47
1989	216.84	221.41	2004	1653.61	1524.58	2019	8718.30	8820.92
1990	242.80	243.98	2005	1864.63	1855.83	2020	8979.67	9163.26
1991	271.39	278.16	2006	2202.97	2056.10	2021	10243.31	9506.58
1992	317.79	299.90	2007	2675.12	2517.11	2022	11201.60	11208.18

3.5.1.4 结果分析

对预测值和实际值图形化对比,运行结果如图3-17。

可视化预测结果

import matplotlib.pyplot as plt

plt.rcParams['font.family'] = 'Microsoft YaHei'

plt.figure(figsize=(8, 4))

plt.plot(df['GRP'],color='blue')

```
plt.plot(results.fittedvalues,marker='.', color='red')
plt.legend(['实际值', '拟合值'])
plt.show()
```

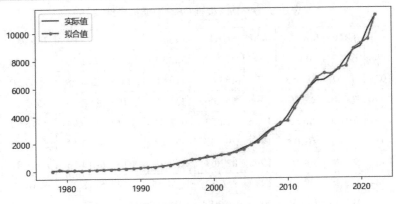

图3-17　GRP实际值与ARIMA模型拟合值对比

```
# 评估模型性能
from sklearn import metrics
MSE=metrics.mean_squared_error(df['GRP'], results.fittedvalues)
RMSE=np.sqrt(MSE)
print('RMSE= ',round(RMSE,4))
import numpy as np
MAPE=[]
for i in range(1,len(results.fittedvalues)):
    temp=np.abs(results.fittedvalues.iloc[i] − df['GRP'].iloc[i])/
        df['GRP'].iloc[i]
    MAPE.append(temp)
print('MAPE= ',round(np.mean(MAPE),4))
```

运行结果为：

RMSE=181.935

MAPE=0.0704

ARIMA 模型拟合 GRP 数据序列的均方根误差（RMSE）为 181.935，平均绝对百分比误差（MAPE）为7.04%。

3.5.1.5 残差分析

```
# 获取残差
residuals = results.resid
# 打印残差
residuals.to_csv('residuals.csv')
```

残差见表 3-9。

表 3-9 ARIMA 模型拟合 GRP 数据的残差

year	residuals	year	residuals	year	residuals
1978	64.730	1993	9.329	2008	51.947
1979	−63.622	1994	33.714	2009	−201.240
1980	12.009	1995	30.273	2010	346.540
1981	−9.458	1996	78.793	2011	300.421
1982	14.848	1997	−68.254	2012	10.602
1983	7.000	1998	7.758	2013	−79.282
1984	3.531	1999	−78.228	2014	−199.827
1985	4.814	2000	35.942	2015	−481.167
1986	−4.762	2001	−60.339	2016	−69.183
1987	1.949	2002	36.869	2017	−58.307
1988	6.121	2003	46.551	2018	512.601
1989	−4.565	2004	129.032	2019	−102.624
1990	−1.182	2005	8.798	2020	−183.598
1991	−6.766	2006	146.870	2021	736.722
1992	17.889	2007	158.010	2022	−6.576

残差图形化分析如图 3-18 所示。

#残差诊断图

```
results.plot_diagnostics(figsize=(8,6))
```

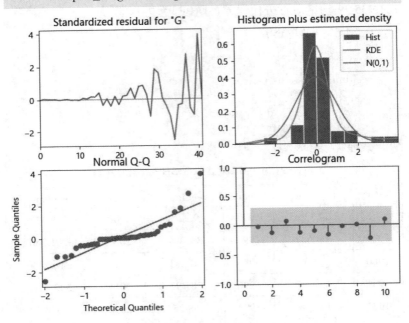

图 3-18　ARIMA 模型拟合数据残差诊断图

对残差进行 ADF 单位根检验

```
result = adfuller(residuals)
```

解析 ADF 检验结果

```
def print_adf_results(result):

    print('ADF Statistic: %f' % result[0])

    print('p-value: %f' % result[1])

    print('Critical Values:')

    for key, value in result[4].items():
```

```
    print(' %s: %.3f' % (key, value))
# 判断单位根检验的结果
if result[1] <= 0.05:
    print('拒绝原假设,数据不存在单位根,是平稳时间序列')
else:
    print('无法拒绝原假设,数据可能存在单位根,是非平稳时
间序列')
```

运行结果如下:

ADF Statistic: −1.923975

p−value: 0.320868

Critical Values:

    1%: −3.633

    5%: −2.949

    10%: −2.613

无法拒绝原假设,数据可能存在单位根,是非平稳时间序列

从以上结果可以看出,残差序列是非平稳序列,ARIMA 模型需要进一步优化和改进。

3.5.1.6 GRP 预测

```
# 使用模型进行预测,这里预测下一年的 GDP
forecast= results.forecast(steps=1)
# 打印预测结果
print(forecast)
```

运行结果为:

45 11797.271877

该模型预测甘肃省 2023 年 GRP 为 11 797.27 亿元。

3.5.2 ARIMA 模型预测 GRP 增长率

以下基于甘肃省 1978—2022 年 GRP 增长率数据,采用 ARIMA 模型进行拟合预测。

3.5.2.1 单位根检验

取 GRP 增长率数据如下:

```
import pandas as pd
df=pd.read_excel('data.xls', sheet_name='GRP',index_col=0)
RateGRP=df['的 GRP']
```

按 3.5.1 节进行单位根检验,结果如下:

```
ADF Statistic: -4.928107
p-value: 0.000031
Critical Values:
    1%: -3.589
    5%: -2.930
    10%: -2.603
拒绝原假设,数据不存在单位根,是平稳时间序列
```

ADF=-4.928 107,小于 10% 标准下的临界值-2.603,说明在 1%、5%、10% 三个水平上都是不平稳的。P-value=0.000 031,远小于 5%,说明序列是平稳的。

3.5.2.2 自相关检验

绘制 ACF 和 PACF 图如图 3-19。

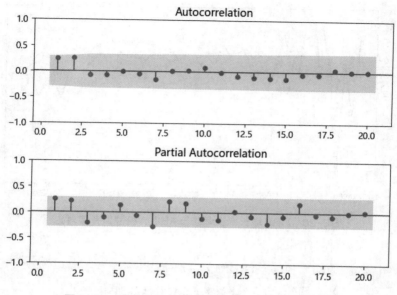

图3-19　甘肃省GRP增长率数据ACF和PACF图

根据上图估计，$p=1$，$q=3$。再用sm.tsa.arma_order_select_ic函数计算p和q，结果如下：

train AIC (1, 3)

train BIC (1, 1)

即$p=1$，$q=3$。

3.5.2.3　模型拟合和结果分析

模型拟合结果图形化对比如图3-20所示。

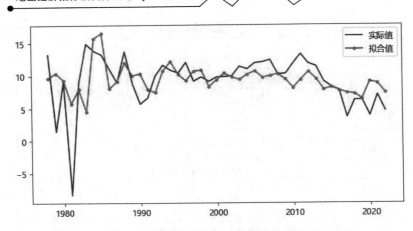

图 3-20　GRP 增长率实际值与 ARIMA 模型拟合值对比

误差计算结果如下：

模型的均方根误差（RMSE）= 4189.5136

模型的平均绝对百分比误差（MAPE）= 0.3194

ARIMA 模型预测 GRP 增长率的均方根误差（RMSE）为 4 189.513 6，平均绝对百分比误差（MAPE）为 31.94%，该模型预测 GRP 增长率的误差率较大。

3.6　自回归积分移动平均与外生变量模型 ARIMAX

自回归积分移动平均与外生变量模型（Autoregressive Integrated Moving Average with Exogenous Regressors Model，ARIMAX）是在 ARIMA 模型基础上扩展的一种模型，包含自回归（AR）、差分（I）和移动平均（MA）部分，并加入了外生变量作为额外的预测因子，适用于既包含内生自回归成分和移动平均过程，又受到外生变量显著影响的时间序列数据建模和预测。外生变量可以是其他已知的时间序列数据，也可以是与目标序列相关的非时间序列数据，如经济指标、政策变动、市场环境等。

　　ARIMA 模型本身专注于捕捉时间序列内部固有的动态趋势和季节性变化,通过自回归项反映过去值对当前值的影响,通过积分项处理非平稳序列,通过移动平均项体现随机误差项的历史影响。然而,在许多实际应用中,时间序列的变化不仅受限于其自身历史行为,还可能受到一些外部因素或变量的直接影响。ARIMAX 模型将这些外生变量纳入模型框架之中,使得模型能够更加全面、准确地描述和预测时间序列的动态演变规律。在外生变量的作用下,ARIMAX 模型不仅可以揭示时间序列内在的自回归和移动平均特性,还能量化并解析外部因素如何作用于时间序列,从而极大地提升了模型对于复杂现实问题的解释力和预测精度。

　　ARIMAX 模型形式上可以表示为:

$$(1-\phi_1 L-\phi_2 L^2-\cdots-\phi_p L^p)(1-L)^d X_t = c+\theta_1\varepsilon_{t-1}+\theta_2\varepsilon_{t-2}+\cdots+\theta_q\varepsilon_{t-q}+Z_t^{'}\gamma$$

　　其中:X_t 是目标时间序列;

　　　　　L 是滞后算子;

　　　　　ϕ_i 是自回归系数;

　　　　　d 是差分阶数,用于使序列平稳;

　　　　　θ_j 是移动平均系数;

　　　　　ε_t 是误差项或随机干扰项;

　　　　　Z_t 是在时间 t 下的一组外生变量;

　　　　　γ 是外生变量对应的回归系数向量。

　　ARIMAX 模型在预测过程中纳入宏观经济指标、政策变化或者其他相关联的时间序列数据作为解释变量(外生变量),这些变量包含有关未来走势的重要信息,可以更准确地预测目标时间序列的行为,并能够评估外部因素对目标序列动态变化的具体影响。

　　以下基于甘肃省 1978—2022 年 GRP 数据,采用 ARIMAX 模型进行拟合预测。

3.6.1 模型拟合

由 2.2 节可知，对于甘肃省 GRP 数据序列，自回归项 p=4，移动平均项 q=1。由 2.3 节可知，对于甘肃省 GRP 数据序列，差分次数 d=3。

```python
# 导入所需的库
import pandas as pd
import numpy as np
from statsmodels.tsa.statespace import sarimax
df = pd.read_excel('..\data.xls',sheet_name='data',index_col=0,)
n_periods = 3# 预测未来 3 期
df_fit=df[:-n_periods]
df_pre=df[-n_periods:]
# 定义外生变量
exog_data = df_fit[['rPI','rAgriculture']]
# 根据 3.2 节 p,d,q = 4,3,1
p,d,q = 4,3,1# 自回归项、差分次数、移动平均项
order = (p,d,q)
exog_order = [2]# 外生变量的系数，这里假设只有一项，也可以根据实际情况调整
# 拟合 ARIMAX 模型
model = sarimax.SARIMAX(df_fit['GRP'],order=order,exog=exog_data,exog_order=exog_order)
results = model.fit()
print(results.summary())
```

输出信息如图3-21。

```
                            SARIMAX Results
==========================================================================
Dep. Variable:                  GRP   No. Observations:              42
Model:               SARIMAX(4, 3, 1)   Log Likelihood            -250.997
Date:              Mon, 12 Feb 2024   AIC                        517.993
Time:                      13:52:01   BIC                        531.302
Sample:                           0   HQIC                       522.768
                              - 42
Covariance Type:                opg
==========================================================================
                 coef    std err          z      P>|z|      [0.025      0.975]
--------------------------------------------------------------------------
rPI            2.8647     10.922      0.262      0.793     -18.541      24.271
rAgriculture  -2.3960     13.759     -0.174      0.862     -29.364      24.572
ar.L1         -0.2173      0.169     -1.286      0.199      -0.549       0.114
ar.L2         -0.4045      0.268     -1.508      0.131      -0.930       0.121
ar.L3         -0.1201      0.142     -0.845      0.398      -0.398       0.158
ar.L4         -0.2504      0.282     -0.888      0.375      -0.803       0.302
ma.L1         -0.9997     20.759     -0.048      0.962     -41.688      39.688
sigma2      1.995e+04    4.13e+05      0.048      0.962      -7.9e+05     8.3e+05
==========================================================================
Ljung-Box (L1) (Q):               0.38   Jarque-Bera (JB):          28.87
Prob(Q):                          0.54   Prob(JB):                   0.00
Heteroskedasticity (H):         329.01   Skew:                      -0.13
Prob(H) (two-sided):              0.00   Kurtosis:                   7.21
==========================================================================
```

图3-21　ARIMAX模型摘要信息

3.6.2　模型测试

```
# 预测未来n期的GDP
forecast = results.get_forecast(steps=n_periods,
exog=np.array([exog_data[-1:]]*n_periods))
predicted_values = forecast.predicted_mean
print(predicted_values.values.round(2))
```

运行结果如下：

```
[ 9167.38   9680.50   10206.37]
```

3.6.3　结果分析

对预测值和实际值图形化对比，运行结果如图3-22。

```
import matplotlib.pyplot as plt
plt.rcParams['font.family'] = 'Microsoft YaHei'
plt.figure(figsize=(8,4))
# 绘制实际值数据
plt.plot(df_pre.index,df_pre['GRP'],'b-',marker='s',label='实际
值')
# 绘制预测值数据
plt.plot(df_pre.index,predicted_values,marker='o',color='red',
label='预测值')
plt.xticks(df_pre.index.values)
plt.legend(loc='lower right')# 添加图例
plt.show()# 显示图形
```

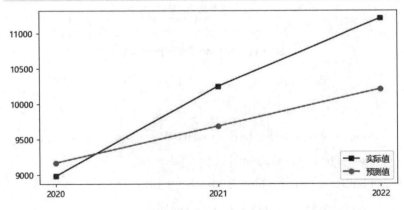

图 3-22　GRP 实际值与 ARIMAX 模型预测值对比

计算 RMSE 和 MAPE 评估模型性能：

```
# 评估模型性能
from sklearn import metrics
import numpy as np
```

```
MSE = metrics.mean_squared_error(df_pre['GRP'],predicted_val
ues)
RMSE=np.sqrt(MSE)
print(f'RMSE= {RMSE:.4f}')
MAPE=[]
for i in range(0,len(predicted_values)):
    temp=np.abs(predicted_values.values[i]-
        df_pre['GRP'].values[i])/df_pre['GRP'].values[i]
    MAPE.append(temp)
print(f'MAPE= {np.mean(MAPE):.4f}')
```

运行结果如下：

```
RMSE= 668.9440
MAPE= 0.0549
```

ARIMAX 模型预测 GRP 数据的均方根误差（RMSE）为668.944 0,平均绝对百分比误差（MAPE）为5.49%。

4　线性回归方法

　　线性回归揭示并量化一个或多个独立自变量(或特征、输入变量、预测因子)与单一依赖因变量(或响应变量、结果变量、输出变量)之间潜在的线性关联结构。线性回归模型的核心是构建一个线性函数,表现为各个自变量的加权和再加上一个截距项,通过估计每个自变量的权重系数,实现对因变量的预测。在面对新的自变量取值组合时,能依据已训练好的线性函数推断出相应的因变量预期值。线性回归模型因简单高效、易于解释的特点而深受青睐,在探索变量间因果关系、评估干预效果以及进行未来趋势预测等方面发挥着重要的作用。

　　线性回归模型的构建通常包括以下几个关键步骤:

　　(1)数据收集:获取包含因变量和自变量观测值的数据集。

　　(2)模型设定:明确线性模型的形式和结构。

　　(3)参数估计:通过最小化损失函数(如均方误差)来估计模型参数(如普通最小二乘法)。

　　(4)检验和验证:通过统计检验(如t检验或F检验)评估模型参数的显著性,并使用交叉验证或其他方法评估模型的整体性能。

　　(5)残差分析:检查模型残差(预测值与实际观测值之差)是否满足模型假定,如正态性和同方差性。

　　(6)应用和预测:通过验证的模型就可以用来预测新观测值的

因变量。

　　线性回归模型在实际应用中还可能存在一些限制,如对线性关系的严格假设,以及不能很好地拟合非线性数据等。因此,在处理非线性关系的问题时,可能需要进行变量变换或采用更复杂的非线性模型。

4.1　一元线性回归

　　一元线性回归模型是一种统计学中最基本的预测模型,通过分析一个自变量(解释变量)和一个因变量(响应变量)之间的线性关系,来预测、模拟和分析自变量与因变量之间的因果关系或相关性。一元线性回归模型以其简洁明了的形式和强大的解释力,成为众多学科领域解决预测问题和探索变量间相互作用机制的重要工具,在经济学研究中,可以揭示诸如经济增长与投资、消费等关键因素之间的定量关系;在金融领域,可以评估资产价格与市场利率、宏观经济指标的相关性等;在社会学领域,可以探讨教育投入与个人收入水平之间的因果联系等。模型的形式通常表达为:

$$y_t = \beta_0 + \beta_1 x_t + u_t$$

　　其中:y_t表示在时间点t或样本t的因变量;

　　　　　x_t表示同一时间点或样本的自变量;

　　　　　β_0是截距项,代表当$x_t = 0$时y_t的期望值;

　　　　　β_1是斜率或回归系数,表示自变量x_t对因变量y_t影响的大小,即当x_t变化一个单位时y_t平均变化β_1个单位;

　　　　　u_t是随机误差项,包含了所有未被模型捕捉到的其他因素对y_t的影响,假定它是独立分布的随机变量,并且具有零均值。

　　在实际应用中,我们通常并不知道真实的β_0和β_1值,而是通过收集的数据来估计这些参数。常用最小二乘法(Ordinary Least

Squares,OLS)找到使得残差平方和最小的$\hat{\beta}_0$和$\hat{\beta}_1$的估计值。

4.1.1 LR 模型预测 GRP

根据 2.1 节相关性分析结果,甘肃省批发和零售业增加值数据与 GRP 数据相关性为 0.999 140,是各项指标中最高的,本节以甘肃省批发和零售业增加值数据为特征数据(见表 4-1),用一元线性回归模型预测 GRP。

4.1.1.1 数据预处理

```
# 导入所需的库
import pandas as pd
from sklearn.model_selection impor ttrain_test_split
from sklearn.linear_model import LinearRegression
from sklearn import metrics
# 加载数据
df=pd.read_excel('..\data.xls',sheet_name='data',index_col=0)
X = df['Wholesale']#批发和零售业增加值
y = df['GRP']#地区生产总值
# 划分训练集和测试集
train_size=40
train_X=X[:train_size]
train_y=y[:train_size]
test_X=X[train_size:]
test_y=y[train_size:]
display(df[['GRP','Wholesale']])
```

表4-1 甘肃省1978—2022年GRP与批发和零售业增加值数据

year	GRP	Wholesale	year	GRP	Wholesale	year	GRP	Wholesale
1978	64.73	3.23	1993	372.24	31.01	2008	3071.70	193.73
1979	67.51	3.26	1994	453.61	37.48	2009	3268.26	226.83
1980	73.90	3.27	1995	557.76	46.72	2010	3943.73	266.25
1981	70.89	3.50	1996	722.52	54.96	2011	4816.94	343.43
1982	76.88	3.74	1997	793.57	63.25	2012	5393.12	387.79
1983	91.50	4.07	1998	887.67	68.42	2013	6014.53	445.59
1984	103.17	5.14	1999	956.32	73.57	2014	6518.39	475.83
1985	123.39	7.36	2000	1052.88	78.54	2015	6556.55	490.29
1986	140.74	9.33	2001	1125.37	84.37	2016	6907.91	516.57
1987	159.52	10.67	2002	1232.03	94.83	2017	7336.74	540.63
1988	191.84	10.94	2003	1399.94	100.45	2018	8104.07	587.60
1989	216.84	11.82	2004	1653.61	116.90	2019	8718.30	646.28
1990	242.80	12.01	2005	1864.63	129.71	2020	8979.67	662.13
1991	271.39	12.45	2006	2202.97	144.31	2021	10243.31	763.67
1992	317.79	28.29	2007	2675.12	164.59	2022	11201.60	795.61

4.1.1.2 模型拟合

```
# 创建线性回归模型实例
model = LinearRegression()
# 使用训练数据拟合模型
model.fit(train_X.values.reshape(-1,1),train_y.values.reshape(-1,1))
# 输出模型的系数和截距
print(f'模型的系数: {model.coef_}, 截距: {model.intercept_}')
```

运行结果如下：

```
模型的系数: [[13.64457712]], 截距: [40.11897015]
```

4.1.1.3 模型测试

```
# 预测测试集结果
pred_y = model.predict(test_X.values.reshape(-1,1))
df1=df[train_size:]
df1['pred']=pred_y
display(df1[['GRP','pred']])
```

运行结果见表4-2。

表4-2 LR模型GRP预测结果

year	GRP	pred	year	GRP	pred
2018	8104.0700	8057.6725	2021	10243.3051	10460.0077
2019	8718.3000	8858.3363	2022	11201.6000	10895.8469
2020	8979.6664	9074.6369			

4.1.1.4 评估模型

对预测值和实际值图形化对比如下：

```
import matplotlib.pyplot as plt
plt.rcParams['font.family'] = 'Microsoft YaHei'
```

```
plt.figure(figsize=(8,5))
# 绘制实际值数据
plt.plot(df[train_size:].index,test_y,'b-',marker='s',label='实际值')
# 绘制预测值数据
plt.plot(df[train_size:].index,pred_y.reshape(-1,1),
marker='o',color='red',label='预测值')
plt.legend(loc='upper left')# 添加图例
plt.ylim(bottom=7000)
plt.xticks(df[train_size:].index)
plt.show()# 显示图形
```

对预测值和实际值图形化对比如图4-1所示。

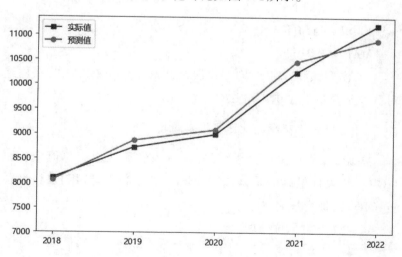

图4-1　GRP实际值与LR模型预测值对比

计算RMSE和MAPE评估模型性能：

```
# 评估模型性能
from sklearn import metrics
```

```
import numpy as np
MSE = metrics.mean_squared_error(df['GRP'][train_size:].values,
pred_y)
RMSE=np.sqrt(MSE)
print('RMSE= ',round(RMSE,4))
MAPE=[]
for i in range(0,len(pred_y)):
    temp=np.abs(pred_y[i] − df['GRP'][train_size:].values[i])/
        df['GRP'][train_size:].values[i]
    MAPE.append(temp)
print('MAPE= ',round(np.mean(MAPE),4))
```

运行结果如下：

```
RMSE= 185.0553
MAPE= 0.0162
```

LR 模型预测 GRP 的均方根误差（RMSE）为 185.055 3，平均绝对百分比误差（MAPE）为 1.62%。

4.1.2　LR 模型预测地区生产总值增长率

根据 2.1 节相关性分析结果，与甘肃省地区生产总值增长率（rGRP）相关性最高的是第二产业增长率（rSI），本节用 LR 模型预测 rGRP，特征变量为 rSI。

4.1.2.1　数据预处理

```
# 导入所需的库
import pandas as pd
import numpy as np
from sklearn.model_selection import train_test_split
from sklearn.linear_model import LinearRegression
```

```
from sklearn import metrics
# 加载数据
df=pd.read_excel('..\data.xls',sheet_name='data',index_col=0)
X = df['rSI']#第二产业增长率
y = df['rGRP']#地区生产总值增长率
# 划分训练集和测试集
train_size=40
train_X=X[:train_size]
train_y=y[:train_size]
test_X=X[train_size:]
test_y=y[train_size:]
display(df[['GRP','Wholesale']])
```

运行结果见表4-3。

表4-3 甘肃省1978—2022年GRP增长率和第二产业增长率数据

year	rGRP	rSI	year	rGRP	rSI	year	rGRP	rSI
1978	13.21	15.05	1993	11.57	13.58	2008	10.12	8.70
1979	1.41	4.89	1994	10.78	11.02	2009	10.20	11.28
1980	9.08	−2.00	1995	10.36	9.99	2010	11.75	14.83
1981	−8.44	−14.10	1996	11.96	10.41	2011	13.18	15.99
1982	8.92	8.25	1997	9.08	10.02	2012	11.76	12.59
1983	14.86	13.14	1998	9.72	8.83	2013	11.32	10.52
1984	13.76	12.91	1999	9.03	8.48	2014	9.00	7.86
1985	13.19	13.51	2000	9.70	10.08	2015	8.16	7.53
1986	11.03	6.16	2001	9.76	9.51	2016	7.64	6.79
1987	8.92	2.41	2002	9.87	10.22	2017	3.52	−0.80
1988	13.65	13.94	2003	11.33	11.82	2018	6.14	4.17
1989	8.75	9.75	2004	10.92	12.49	2019	6.15	4.67

year	rGRP	rSI	year	rGRP	rSI	year	rGRP	rSI
1990	5.63	5.36	2005	11.85	13.36	2020	3.76	5.62
1991	6.57	8.99	2006	11.99	14.61	2021	6.94	5.90
1992	9.89	10.22	2007	12.31	17.38	2022	4.50	4.19

自变量和因变量数据图形化对比如下,运行结果如图4-2。

```
import matplotlib.pyplot as plt
plt.rcParams['font.family'] = 'Microsoft YaHei'
plt.figure(figsize=(8,4))
# 绘制实际值数据
plt.plot(X,'b-',marker='.',label='第二产业增长率(%)')
# 绘制预测值数据
plt.plot(y,marker='*',color='red',label='地区生产总值增长率(%)')
plt.legend(loc='lower right')# 添加图例
plt.show()# 显示图形
```

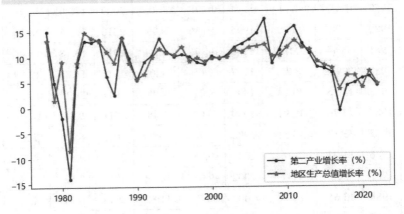

图4-2 甘肃省1978—2022年GRP增长率与第二产业增长率对比

4.1.2.2 模型拟合和测试

```
# 创建线性回归模型实例
model = LinearRegression()
# 使用训练数据拟合模型
model.fit(train_X.values.reshape(-1,1),train_y.values.reshape(-1,1))
# 输出模型的系数和截距
print(f'模型的系数: {model.coef_}, 截距: {model.intercept_}')
```

运行结果如下:

模型的系数: [[0.61348292]], 截距: [3.92249693]

以下进行预测:

```
# 预测测试集结果
pred_y = model.predict(test_X.values.reshape(-1,1))
df1=df[train_size:]
df1['pred']=pred_y
display(round(df1[['rGRP','pred']],4))
```

运行结果见表4-4。

表4-4   LR模型GRP增长率预测结果

year	rGRP	pred	year	rGRP	pred
2018	6.1388	6.4795	2021	6.945	7.5411
2019	6.151	6.7862	2022	4.5	6.4905
2020	3.76	7.3679			

4.1.2.3 结果分析

对预测值和实际值图形化对比如下,运行结果如图4-3。

```
import matplotlib.pyplot as plt
plt.rcParams['font.family'] = 'Microsoft YaHei'
```

125

```
plt.figure(figsize=(8,4))
# 绘制实际值数据
plt.plot(df1.index,test_y,'b-',marker='s',label='实际值(训练集)')
# 绘制预测值数据
plt.plot(df1.index,pred_y.reshape(-1,1),marker='o',color='red',
label='预测值(训练集)')
plt.legend(loc='lower right')# 添加图例
plt.xticks(df1.index)
plt.ylim(bottom=1)
plt.show()# 显示图形
```

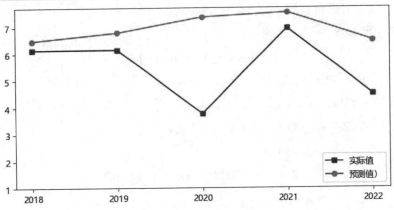

图4-3　GRP增长率实际值与LR模型预测值对比

计算 RMSE 和 MAPE 评估模型性能：

```
# 评估模型性能
from sklearn import metrics
import numpy as np
MSE = metrics.mean_squared_error(df['rGRP'][train_size:].values,
pred_y)
```

```
RMSE=np.sqrt(MSE)
print('RMSE= ',round(RMSE,4))
MAPE=[]
for i in range(0,len(pred_y)):
    temp=np.abs(pred_y[i] − df['rGRP'][train_size:].values[i])/
            df['rGRP'][train_size:].values[i]
    MAPE.append(temp)
print('MAPE= ',round(np.mean(MAPE),4))
```

运行结果如下：

RMSE=1.8897

MAPE=0.3293

模型均方根误差（RMSE）为 1.889 7，平均绝对百分比误差（MAPE）为 32.93%，增长率数据的预测误差较大。

4.2　多元线性回归

多元线性回归（Multivariable Linear Regression，MLR）用于探究因变量与两个或多个独立变量之间的线性关联结构，从而实现对因变量行为的模拟和未来趋势预测。MLR 假设因变量的变化并非孤立发生，而是受到一系列自变量的影响，并且这种影响表现为明确、直接的线性形式。MLR 不仅考虑了每一个自变量单独作用于因变量时产生的线性效应，同时也关注到各个自变量之间可能存在的交互效应。也就是说，一个自变量对因变量的影响可能会因为其他自变量的存在或变化而发生变化，这种现象称为交互效应。此外，多元线性回归还允许自变量独立地对因变量产生影响，即每一个自变量都有其独特的、不依赖于其他自变量的对因变量的贡献。

MLR 是科学研究、经济分析、社会调查等领域解析复杂数据关系、揭示内在规律、做出精准预测的重要手段。通过构建和应用多元线性回归模型，可以更深入地理解多因素如何共同作用于某一目标变量，从而为决策制定提供有力的数据支持和理论依据。

MLR 因变量 Y 被认为是由一组自变量 $X_1, X_2, ..., X_k$ 以线性方式共同作用，并加上一个随机误差项 ε 决定的。模型的一般数学形式可以写作：

$$Y = \beta_0 + \beta_1 X_1 + \beta_2 X_2 + \cdots + \beta_k X_k + \varepsilon$$

其中：Y 是因变量；

$X_1, X_2, ..., X_k$ 是自变量；

β_0 是截距项；

$\beta_1, \beta_2, ..., \beta_k$ 分别是对应自变量的回归系数，代表自变量对因变量的影响大小和方向；

ε 是随机误差项，反映模型中未被自变量解释的随机变化。

建立多元线性回归模型时，通常会假设以下几个条件：

（1）线性关系：因变量与自变量之间存在线性关系。

（2）独立性：误差项的期望值为 0，且各个观测点上的误差项是独立同分布的。

（3）正态性：误差项服从正态分布。

（4）同方差性：误差项的方差在整个自变量空间中保持不变。

（5）无多重共线性：自变量之间不存在严重的线性相关性。

模型建立完成后，可以通过最小二乘法或其他优化算法估计出每个回归系数的值，然后可以使用这些估计的系数来预测因变量的值，或者分析各个自变量对因变量的重要性和显著性。此外，还需要通过统计检验（比如 F 检验、t 检验）和模型诊断（如残差分析、VIF 检验等）来评估模型的整体拟合优度、变量的显著性以及模型是否存在违背基本假设的问题。

4.2.1 数据预处理

由2.1节相关性分析可知,与GRP数据相关性最高的五项指标分别是:批发和零售业增加值、第三产业增加值、建筑业增加值、农林牧渔业增加值、能源生产量,见表4-5。

表4-5 与甘肃省GRP相关性最高的五项经济指标

经济指标	与GRP的相关系数	备注
Wholesale	0.999140	批发和零售业增加值
TI	0.994498	第三产业增加值
Construction	0.993635	建筑业增加值
Agriculture	0.992300	农林牧渔业增加值
TEP	0.991792	能源生产量

由于TEP数据开始于2005年,这里我们用前四项指标数据作为因变量进行GRP预测。

```
# 导入所需的库
import pandas as pd
import numpy as np
from sklearn.model_selection import train_test_split
from sklearn.linear_model import LinearRegression
from sklearn.metrics import mean_squared_error, r2_score
features = data[['Wholesale', 'TI', 'Construction','Agriculture']]
target = data['GRP']
# 划分训练集和测试集
test_size=int(len(data)*0.9)
X_train=features[:test_size]
y_train=target[:test_size]
X_test=features[test_size:]
y_test=target[test_size:]
```

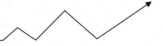

4.2.2 模型拟合

```
# 模型拟合
model = LinearRegression()
model.fit(X_train, y_train)
# 可视化拟合结果
import matplotlib.pyplot as plt
plt.rcParams['font.family'] = 'Microsoft YaHei'
# 绘制原始数据点及拟合直线
plt.figure(figsize=(8, 4))
plt.scatter(X_train.index, y_train, color='blue', label='原始数据')
plt.plot(X_train.index,   model.predict(X_train),   color='red',
linewidth=2, label='拟合曲线')
plt.legend()# 显示图例
plt.show()# 显示图形
```

对预测值和实际值图形化对比如图4-4所示。

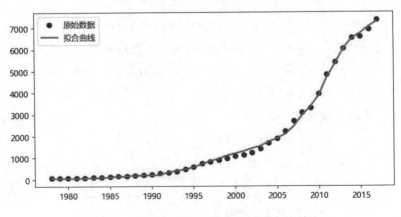

图4-4　GRP实际值与MLR模型拟合值对比

4.2.3 模型测试

用拟合后的模型进行预测如下,结果见表4-6。

```
#测试
predictions = model.predict(X_test)
np.set_printoptions(precision=2)
df1=data[train_size:]
df1['pred']=predictions
display(df1[['GRP','pred']])
```

表4-6 MLR模型GRP预测结果

year	GRP	pred	year	GRP	pred
2018	8104.0700	7740.1215	2021	10243.3051	9872.6549
2019	8718.3000	8439.5294	2022	11201.6000	10372.4920
2020	8979.6664	8714.3258			

4.2.4 结果分析

对预测值和实际值图形化对比如下,结果如图4-5。

```
plt.figure(figsize=(8, 4))
plt.plot(X_test.index, y_test, color='blue',marker='o', linewidth=2,
label='原始数据')
plt.plot(X_test.index, predictions,    color='red',marker='s',
linewidth=2, label='预测结果')
plt.legend()# 显示图例
plt.xticks(X_test.index)
plt.ylim(bottom=6000)
plt.show()#显示图形
```

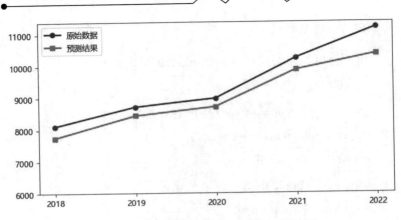

图4-5 GRP实际值与MLR模型预测值对比

```
# 评估模型性能
from sklearn import metrics
MSE = metrics.mean_squared_error(y_test, predictions)
RMSE=np.sqrt(MSE)
print('RMSE = ',round(RMSE,4))
r2 = r2_score(y_test, predictions)
print('R^2 Score = ', round(r2,4))
MAPE=[]
for i in range(0,len(predictions)):
    temp=np.abs(predictions[i] −y_test.values[i].reshape(−1,1))/
        y_test.values[i].reshape(−1,1)
    MAPE.append(temp)
print('MAPE = ',round(np.mean(MAPE),4))
```

运行结果如下：

RMSE=470.187

R^2 Score=0.8236

MAPE=0.0433

模型均方根误差（RMSE）为 470.187，平均绝对百分比误差（MAPE）为 4.33%。采用 MLR 模型后预测误差反而增大，可能原因是 LR 模型选用了相关系数最高的自变量，而 MLR 模型的其余 3 项参数与 GRP 的相关性较第一项参数更低。

4.3 最小绝对收缩与选择算子

最小绝对收缩和选择算子（Least Absolute Shrinkage and Selection Operator，LASSO）是一种在统计学和机器学习中广泛应用的回归分析技术，适用于特征选择和参数估计的正则化方法。LASSO 算法通过对模型的参数向量加上 L1 范数惩罚项，使得在解决回归问题时不仅能够压缩参数的估计值，而且能够在一定程度上将不重要的特征的参数估计值直接压缩至零从而实现特征选择，自动排除掉那些对预测结果影响较小的特征变量。LASSO 回归的优化目标函数可以表示为：

$$\min_{\theta} \left\{ \frac{1}{2N} \sum_{i=1}^{N} \left(y_i - \theta_0 - \sum_{j=1}^{p} \theta_j x_{ij} \right)^2 + \lambda \sum_{j=1}^{p} |\theta_j| \right\}$$

其中：y_i 是第 i 个样本的目标变量值；

x_{ij} 是第 i 个样本的第 j 个特征值；

N 是样本数量；

p 特征数量；

θ_0 是截距项；

θ_j 是对应于第 j 个特征的模型参数；

λ 正则化参数，控制模型复杂度与欠拟合/过拟合之间的权衡。

随着 λ 值的增加，LASSO 会倾向于减少模型中非零参数的数量，即减少特征的使用，能产生一个仅包含少量重要特征的有效简

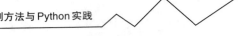

化模型,不仅有助于防止过拟合,还有利于模型解释。

4.3.1 模型拟合

```python
# 导入所需的库
import numpy as np
import pandas as pd
from sklearn.model_selection import train_test_split
from sklearn.linear_model import Lasso
from sklearn.preprocessing import StandardScaler
from sklearn.metrics import mean_squared_error
# 读取数据集
df = pd.read_excel('..\data.xls',sheet_name='data',index_col=0,)#
# 将特征和目标变量分离
features = df[['Wholesale','TI','Construction','Agriculture']]
target = df['GRP']
# 数据预处理:对特征进行标准化
scaler = StandardScaler()
features_scaled = scaler.fit_transform(features)
# 划分训练集和测试集
train_size=int(len(features)*0.9)
X_train=features_scaled[:train_size]
y_train=target[:train_size]
X_test=features_scaled[train_size:]
y_test=target[train_size:]
# 创建并训练 Lasso 回归模型,alpha 参数用于控制正则化强度
lasso = Lasso(alpha=0.1)
lasso.fit(X_train,y_train)
```

```
print('Lasso Regression coefficients: ',lasso.coef_)
print('Intercept: ',lasso.intercept_)
```

运行结果如下：

Lasso Regression coefficients:

[1721.76986931　　57.04061995 1129.1030881　　211.48483964]

Intercept:

2647.510501481148

4.3.2　模型测试

```
# 预测测试集结果
y_pred = lasso.predict(X_test)
df1=pd.DataFrame()
df1['y_test']=y_test
df1['y_pred']=y_pred
df2=df1.sort_index()
display(df2)
```

运行结果见表4-7。

表4-7　LASSO模型GRP预测结果

year	y_test	y_pred	year	y_test	y_pred
2018	8104.0700	7740.5788	2021	10243.3051	9876.8189
2019	8718.3000	8441.1287	2022	11201.6000	10374.3658
2020	8979.6664	8714.0661			

4.3.3　结果分析

对预测值和实际值图形化对比如下，运行结果如图4-6。

```
import matplotlib.pyplot as plt
plt.rcParams['font.family'] = 'Microsoft YaHei'
```

```
plt.figure(figsize=(8,4))
# 绘制实际值数据
plt.plot(df2['y_test'],'b-',marker='s',label='实际值')
# 绘制预测值数据
plt.plot(df2['y_pred'],marker='o',color='red',label='预测值')
plt.xticks(df[train_size:].index.values)
plt.ylim(bottom=6000)
plt.legend(loc='lower right')# 添加图例
plt.show()# 显示图形
```

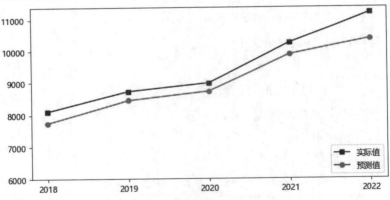

图4-6　GRP实际值与LASSO模型预测值对比

计算 RMSE 和 MAPE 评估模型性能：

```
# 评估模型性能
from sklearn import metrics
import numpy as np
MSE = metrics.mean_squared_error(y_test,y_pred)
RMSE=np.sqrt(MSE)
print(f'RMSE= {RMSE:.4f}')
```

```
MAPE=[]
for i in range(0,len(y_pred)):
    temp=np.abs(y_pred[i] − y_test.values[i])/y_test.values[i]
    MAPE.append(temp)
print(f'MAPE= {np.mean(MAPE):.4f}')
```

运行结果如下：

RMSE=468.6410

MAPE=0.0432

模型均方根误差（RMSE）为 468.641 0，平均绝对百分比误差（MAPE）为 4.32%。

4.4 岭回归

岭回归（Ridge Regression）是在经典线性回归的基础上发展起来的一种稳健估计方法，主要用于处理多重共线性问题或者防止过拟合现象。在高维空间中，尤其是当自变量之间存在高度相关性时，普通最小二乘回归可能会导致模型系数估计不稳定，甚至出现某些系数过大（即过拟合）的现象。岭回归通过引入了一个正则化项（L2 范数惩罚项）到损失函数中来修正这个问题，使得模型在尽量减小残差平方和的同时，限制系数向量的长度（欧几里得范数）。

在统计学和机器学习中，岭回归通过在最小二乘法目标函数上添加 L2 正则化项（即系数的平方和）来改进模型：

$$\min_{\beta} \left\{ \sum_{i=1}^{N} \left(y_i - \beta_0 - \sum_{j=1}^{p} \beta_j x_{ij} \right)^2 + \lambda \sum_{j=1}^{p} \beta_j^2 \right\}$$

其中：y_i 是第 i 个观测的响应变量值；

x_{ij} 是第 i 个观测对应的第 j 个自变量的值；

β_j是第j个自变量的回归系数；

β_0是截距项；

N是样本数量；

p是自变量的数量；

λ是正则化参数，控制着正则化程度的强弱。

岭回归的特点在于：

（1）权重收缩但不为零。Ridge回归会使所有特征的系数都收缩，但不会像LASSO那样将某些系数直接压缩为零，因此不具备变量选择的功能，它通过减小相关性强特征的权重差异使模型更加稳定。

（2）解决多重共线性。当自变量之间存在高度多重共线性时，岭回归可以通过L2正则化来分散各个特征的影响，缓解因多重共线性导致的标准误差过大问题。

（3）防止过拟合。通过减小系数的绝对值，岭回归可以防止模型过于复杂，从而减轻过拟合现象。

以下基于甘肃省1978—2022年GRP数据，采用Ridge回归模型进行拟合预测。

4.4.1　模型拟合

```
# 导入所需的库
import pandas as pd
from sklearn.model_selection import train_test_split
from sklearn.linear_model import Ridge
from sklearn.metrics import mean_squared_error
df = pd.read_excel('..\data.xls',sheet_name='data',index_col=0,)
# 定义特征和目标变量
X = df[['Wholesale','TI','Construction','Agriculture']]
```

```
y = df['GRP']
# 划分训练集和测试集
train_size=int(len(X)*0.9)
X_train=X[:train_size]
y_train=y[:train_size]
X_test=X[train_size:]
y_test=y[train_size:]
# 初始化 Ridge 回归模型，设置 alpha 参数（正则化强度）
ridge = Ridge(alpha=1.0)# 可根据交叉验证调整 alpha 值
# 训练模型
ridge.fit(X_train,y_train)
print(f'Coefficients: {ridge.coef_}')
print(f'Intercept: {ridge.intercept_}')
```

运行结果如下：

```
Coefficients:
    [7.16545034   0.04082816   5.48159034   0.54079953]
Intercept:
    -11.742662189374187
```

4.4.2　模型测试

```
# 预测测试集结果
y_pred = ridge.predict(X_test)
df1=pd.DataFrame()
df1['y_test']=y_test
df1['y_pred']=y_pred
df1=df1.round(4)
display(df1)
```

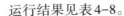

运行结果见表4-8。

表4-8 Ridge回归模型GRP预测结果

year	y_test	y_pred	year	y_test	y_pred
2018	8104.07	7740.169	2021	10243.31	9872.706
2019	8718.3	8439.58	2022	11201.6	10372.58
2020	8979.666	8714.405			

4.4.3 结果分析

对预测值和实际值图形化对比如下,运行结果如图4-7。

```
import matplotlib.pyplot as plt
plt.rcParams['font.family'] = 'Microsoft YaHei'
plt.figure(figsize=(8,4))
# 绘制实际值数据
plt.plot(df[train_size:].index,y_test,'b-',marker='s',label='实际值')
# 绘制预测值数据
plt.plot(df[train_size:].index,y_pred,marker='o',color='red',
label='预测值')
plt.xticks(df[train_size:].index.values)
plt.ylim(bottom=6000)
plt.legend(loc='lower right')# 添加图例
plt.show()# 显示图形
```

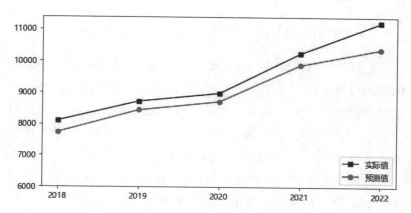

图 4-7 GRP 实际值与 Ridge 回归模型预测值对比

计算 RMSE 和 MAPE 评估模型性能:

```
# 评估模型性能
from sklearn import metrics
import numpy as np
MSE = metrics.mean_squared_error(y_test,y_pred)
RMSE=np.sqrt(MSE)
print(f'RMSE= {RMSE:.4f}')
MAPE=[]
for i in range(0,len(y_pred)):
    temp=np.abs(y_pred[i] − y_test.values[i])/y_test.values[i]
    MAPE.append(temp)
print(f'MAPE= {np.mean(MAPE):.4f}')
```

运行结果如下:

```
RMSE=470.1269
MAPE=0.0433
```

模型均方根误差(RMSE)为 470.13,平均绝对百分比误差(MAPE)为 4.33%。

4.5　向量自回归

向量自回归模型(Vector Autoregression,VAR)是一种在多元时间序列分析中广泛应用的统计模型,它允许模型中的每一个内生变量都是模型中所有内生变量滞后值的线性组合。在VAR模型中,每一内生变量的当前值不仅依赖于自身过去的值,还依赖于模型中所有其他内生变量过去值的某种线性组合。

这种全局性的、多维度的考量方式使得VAR模型能够捕捉到多元时间序列之间复杂的相互依存关系,从而为经济、金融、气象等诸多领域的动态系统分析提供了强大的理论工具和实证手段。

一个VAR(p)模型可以表示为:

$$y_t=c+A_1y_{t-1}+A_2y_{t-2}+...+A_py_{t-p}+u_t$$

其中:y_t是在时间点t的内生变量向量;

c是常数项向量;

$A_1,A_2,...,A_p$是系数矩阵,反映不同滞后阶数上内生变量间的动态交互关系;

u_t是满足一定条件(例如零均值、同方差、无自相关等)的随机扰动项向量;

p是模型的滞后阶数,即考虑的最远滞后期。

以下基于甘肃省1978—2022年GRP数据,采用VAR模型进行拟合预测。

4.5.1　模型拟合

```
# 导入必要的库
import pandas as pd
import numpy as np
from statsmodels.tsa.vector_ar.var_model import VAR
```

```
# 读取数据集
df = pd.read_excel('..\data.xls', sheet_name='data',index_col=0) #
data=df[['GRP','Wholesale','TI','Construction']] #,'Agriculture'
# 划分训练集和测试集
train_size=42
train_data = data.iloc[:train_size]
test_data = data.iloc[train_size:]
# 定义 VAR 模型
model = VAR(train_data)
# 训练模型
results = model.fit(maxlags=2, method='ols', ic='aic')    # 指定滞
后期为2
print(results.summary())
```

输出信息如图4-8。

```
  Summary of Regression Results
==================================
Model:                      VAR
Method:                     OLS
Date:         Thu, 07, Mar, 2024
Time:                  15:50:36
----------------------------------
No. of Equations:    4.00000    BIC:                  24.4021
Nobs:                40.0000    HQIC:                 23.4317
Log likelihood:     -648.672    FPE:             8.93679e+09
AIC:                 22.8821    Det(Omega_mle):  3.96860e+09
----------------------------------
Results for equation GRP

==================================================================
               coefficient    std. error       t-stat       prob
------------------------------------------------------------------
const            20.198024     27.513401        0.734      0.463
L1.GRP            1.805351      0.292340        6.176      0.000
L1.Wholesale      6.030626      4.312421        1.398      0.162
L1.TI            -2.537874      0.863990       -2.937      0.003
L1.Construction  -7.457250      4.858861       -1.535      0.125
L2.GRP           -0.318758      0.318893       -1.000      0.318
L2.Wholesale    -12.889342      4.117416       -3.130      0.002
L2.TI             2.399787      0.874358        2.745      0.006
L2.Construction  10.757789      4.556483        2.361      0.018
...
Construction     0.594115      0.367035     0.150976     1.000000
```

图4-8　VAR模型摘要信息

4.5.2 模型测试

```
# 使用训练好的模型对GRP进行预测
predictions = results.forecast(model.endog[−2:], steps=3)
temp=predictions.reshape(−3,4)
temp=pd.DataFrame(temp)
df1=df[train_size:]
df1['predGRP']=temp[0].values
display(df1[['GRP','predGRP']])
```

运行结果见表4-9。

表4-9 VAR模型GRP预测结果

year	GRP	predGRP	year	GRP	predGRP
2020	8979.6664	9376.9047	2022	11201.6000	10543.7680
2021	10243.3051	10037.2097			

4.5.3 结果分析

对预测值和实际值图形化对比如下,运行结果如图4-9。

```
import matplotlib.pyplot as plt
plt.rcParams['font.family'] = 'Microsoft YaHei'
plt.figure(figsize=(8, 4))
# 绘制实际值数据
plt.plot(df1.index,df1['GRP'], 'b−',marker='s', label='实际值')
# 绘制预测值数据
plt.plot(df1.index,df1['predGRP'], marker='o',color='red',
label='预测值')
plt.ylim(bottom=8000)
plt.xticks(df1.index)
```

```
plt.legend(loc='lower right')# 添加图例
plt.show()# 显示图形
```

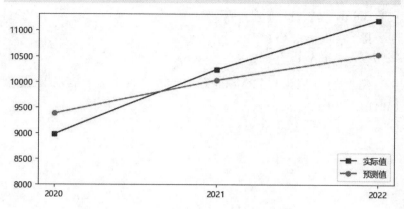

图4-9　GRP实际值与VAR模型预测值对比

计算 RMSE 和 MAPE 评估模型性能：

```
# 评估模型性能
from sklearn import metrics
from sklearn.metrics import mean_squared_error, r2_score
MSE = metrics.mean_squared_error(df1['GRP'], df1['predGRP'])
RMSE=np.sqrt(MSE)
print('RMSE = ',round(RMSE,4))
r2 = r2_score(df1['GRP'], df1['predGRP'])
print('R^2 Score = ',round(r2,4))
MAPE=[]
for i in range(0,len(df1['predGRP'])):
    temp=np.abs(df1['predGRP'].values[i] −df1['GRP'].values[i])/
        df1['GRP'].values[i]
    MAPE.append(temp)
```

```
print('MAPE = ',round(np.mean(MAPE),4))
```

运行结果如下：

```
RMSE=459.353
R^2 Score =0.7452
MAPE=0.041
```

模型均方根误差（RMSE）为459.353，平均绝对百分比误差（MAPE）为4.1%。

5 非线性回归方法

现实世界中的许多现象和数据关系并非简单的线性关系,而是呈现出复杂的非线性模式,非线性回归模型是一种统计学和机器学习中的数学模型,用来估计因变量(目标变量)与一个或多个自变量之间的非线性关系。相较于线性回归模型,非线性回归模型采用非线性函数,更加灵活地拟合实际数据中潜在的非线性特征,允许因变量与自变量的关系不是简单的直线或者一次函数形式,而是通过更复杂的函数结构来捕捉两者之间的联系。该非线性回归模型采用一系列多元、灵活且形态多变的函数结构,如多项式函数、指数函数、对数函数、sigmoid 函数等,这些函数能够更加贴切地模拟现实世界中广泛存在的非线性依赖现象,提升预测分析的准确性和精细度。

应用非线性回归模型时,需要通过优化方法(如梯度下降法、最小二乘法、牛顿法等)来估计函数中的未知参数,使得模型能尽可能准确地逼近给定的数据集。这种模型广泛应用于自然科学、社会科学、经济学、工程学等多个领域,对于解决复杂系统建模、数据分析和预测问题具有重要意义。

5.1 多项式曲线

多项式曲线模型根据历史数据的特点,选择适当的多项式阶数,构造出一个具有连续变化特性的多项式函数。这个函数不仅能够贴合已有的历史数据点,还能通过其平滑且灵活的曲线形态,反映出数据在时间序列或变量间可能存在的复杂非线性关系。无论是对于长期的趋势演变,还是短期内的波动起伏,只要数据表现出明显的趋势特征或者复杂的非线性关联模式,多项式曲线模型都能以较强的适应性和灵活性进行表达。多项式曲线模型适用于包含显著趋势变化或展现出深层次非线性关系的数据集,在经济、金融、自然科学、工程等多个领域中都有着广泛的应用。

对于一个时间序列数据Y_t,假设其变化趋势可以用一个多项式函数来描述,则预测模型可表示为:

$$Y_t = a_0 + a_1 t + a_2 t^2 + a_3 t^3 + \cdots + a_n t^n$$

其中:Y_t是t时刻的观测值;

　　　a_i是多项式的系数;

　　　t时间变量;

　　　n是多项式的阶数,决定了曲线的弯曲程度。

选择适当的多项式阶数至关重要,过高的阶数可能导致模型过度拟合,即虽然能够很好地拟合训练数据,但新数据的预测能力却很差,泛化能力弱。反之,过低的阶数则可能无法捕捉数据的真实趋势,导致欠拟合。

以下基于甘肃省1978—2022年GRP数据,采用多项式曲线模型进行拟合预测。

5.1.1　模型拟合

```
# 导入所需库
import numpy as np
import pandas as pd
from sklearn.preprocessing import PolynomialFeatures
```

```
from sklearn.linear_model import LinearRegression
# 数据预处理
df=pd.read_excel('../data.xls',sheet_name='data',index_col=0)
years = df[:-3].index.values
gdp_values = df['GRP'][:-3].values
# 将年份转换为多项式特征
poly_features = PolynomialFeatures(degree=2)# 使用二次多项式
X_poly = poly_features.fit_transform(years.reshape(-1,1))
# 创建并训练模型
model = LinearRegression()
model.fit(X_poly,gdp_values)
```

PolynomialFeatures 是 sklearn.preprocessing 模块中的一个类,在 Python 的 Scikit-learn 机器学习库中被用于特征工程。这个类的作用是对数据集中的特征生成多项式特征,从而实现非线性特征转换,通过创建高阶交互项(如平方项、立方项、交叉项等),它可以帮助模型捕捉到特征间的非线性关系。

5.1.2　模型测试

```
# 预测未来某三年的 GRP
future_year=df[-3:].index.values
futrues=[]
for y in future_year:
    future_X_poly = poly_features.transform(y.reshape(-1,1))
    predicted = model.predict(future_X_poly)
    futrues.append(predicted)
futrues=np.array(futrues)
futrues=futrues.reshape(1,-1)
```

```
futrues=np.around(futrues,decimals=2)

display(futrues)
```

运行结果如下：

```
[ 9033.25,   9611.73,   10207.86]
```

5.1.3　结果分析

对预测值和实际值图形化对比如下，运行结果如图 5-1。

```
import matplotlib.pyplot as plt

plt.rcParams['font.family'] = 'Microsoft YaHei'

plt.figure(figsize=(8,4))

# 绘制实际值数据

plt.plot(future_year,df['GRP'][-3:],'b-',marker='s',label='实际值')

# 绘制预测值数据

plt.plot(future_year,futrues.reshape(-1,1),marker='o',color='red',
label='预测值')

plt.xticks(df['GRP'][-3:].index)

plt.ylim(bottom=8000)

plt.legend(loc='lower right')# 添加图例

plt.show()# 显示图形
```

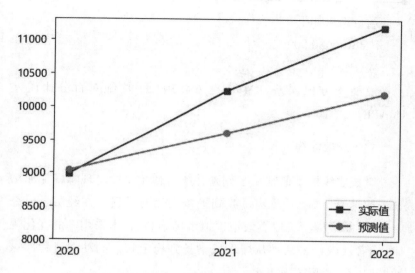

图5-1　GRP实际值与多项式曲线模型预测值对比

计算RMSE和MAPE评估模型性能：

```
# 评估模型性能
import numpy as np
from sklearn import metrics
MSE = metrics.mean_squared_error(df['GRP'][-3:].values.reshape
(1,-1),futrues)
RMSE=np.sqrt(MSE)
print('RMSE = ',round(RMSE,4))
MAPE=[]
for i in range(0,len(futrues)):
    temp=np.abs(futrues[i] - df['GRP'][-3:].values[i])/
        df['GRP'][-3:].values[i]
    MAPE.append(temp)
print('MAPE = ',round(np.mean(MAPE),4))
```

运行结果如下：

RMSE =680.509

MAPE =0.071

模型均方根误差（RMSE）为 680.509，平均绝对百分比误差（MAPE）为 7.10%。

5.2　对数曲线

对数曲线模型通常用于刻画并解析初始阶段呈现急剧加速增长或快速衰减，随后逐步过渡到平缓变化的过程。在经济学研究中，对数曲线模型可以有效地模拟市场饱和、技术采用率的变化规律，或者反映经济活动从爆发式增长到稳定状态的动态过程。这种模型的一般形式可以表示为：

$y=a\log(bx+c)+d$

其中：y 是因变量；

x 是自变量；

a, b, c 和 d 是模型参数：a 控制曲线的斜率和形状，b 影响对数函数的伸缩比例和增长率，c 决定对数函数的水平移动量，d 是垂直平移量，即曲线在 y 轴上的截距。

以下基于甘肃省 1978—2022 年 GRP 数据，采用对数曲线模型进行拟合预测。

5.2.1　模型拟合

```
import numpy as np
import pandas as pd
from sklearn.preprocessing import PolynomialFeatures
from sklearn.linear_model import LinearRegression
import matplotlib.pyplot as plt
```

```
# 数据预处理
df=pd.read_excel('../data.xls',sheet_name='data',index_col=0)
time_series = df[:-3].index.values
values = df['GRP'][:-3].values
#将时间序列转换为指数形式以便于拟合对数曲线
log_time_series = np.log(time_series)
# 创建多项式特征
poly_features = PolynomialFeatures(degree=345)
X_poly = poly_features.fit_transform(log_time_series.reshape(-1,1))
# 创建并训练线性回归模型
model = LinearRegression()
model.fit(X_poly,np.log(values))
```

5.2.2 模型测试

```
future_time = np.array([df[-3:].index.values])# 预测未来的时间点
log_future_values = model.predict(poly_features.transform(
np.log(future_time).reshape(-1,1)))
predicted_values = np.exp(log_future_values)# 取指数还原预测值
print(np.around(predicted_values,decimals=2))
```

运行结果如下：

```
[ 9656.09    10327.15    11008.01]
```

5.2.3 结果分析

对预测值和实际值图形化对比如下，运行结果如图5-2。

```
import matplotlib.pyplot as plt
plt.rcParams['font.family'] = 'Microsoft YaHei'
```

```
plt.figure(figsize=(6,4))
# 绘制实际值数据
plt.plot(df[-3:].index.values,df['GRP'][-3:].values,'b-',marker=
's',label='实际值')
# 绘制预测值数据
plt.plot(df[-3:].index.values,predicted_values,marker='o',color=
'red',label='预测值')
plt.legend(loc='lower right')# 添加图例
plt.show()# 显示图形
```

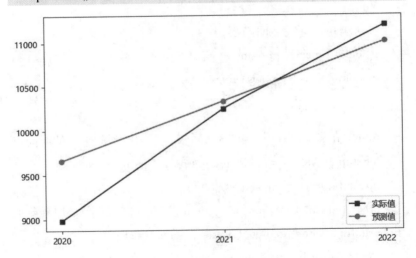

图5-2　GRP 实际值与对数曲线模型预测值对比

```
# 评估模型性能
from sklearn import metrics
import numpy as np
MSE = metrics.mean_squared_error(df['GRP'][-3:].values.reshape
(1,-1),predicted_values.reshape(1,-1))
```

```
RMSE=np.sqrt(MSE)
print(f'RMSE= {RMSE}')
MAPE=[]
for i in range(0,len(predicted_values)):
    temp=np.abs(predicted_values[i] − df['GRP'][−3:].values[i])/
            df['GRP'][−3:].values[i]
    MAPE.append(temp)
print('MAPE= ',np.mean(MAPE))
```

运行结果如下：

RMSE=409.0895

MAPE=0.0335

模型均方根误差（RMSE）为 409.089 5，平均绝对百分比误差（MAPE）为 3.35%。

5.3　分位数回归

传统线性回归着重于探究因变量在给定自变量条件下其期望值或均值的关联特性，分位数回归（Quantile Regression，QR）突破了这一单一视角，将研究范围延伸至因变量在整个概率分布上的各种条件分位数，从而揭示出更为全面、细致的变量间关系。分位数回归中研究者可以选择不同的分位点 q，每个分位点对应着因变量在给定自变量取值下的分布位置，使研究者从多元化的角度去理解和刻画因变量在不同条件下的分布特征，极大地提升了数据分析的深度和广度，尤其在处理非正态分布数据、存在异方差性问题或者需要考虑极端值影响的情况下，分位数回归的优势尤为突出。

对于分位数 q，分位数回归的目标是最小化以下损失函数：

$$L_q(\beta)=\sum_{i=1}^{n}\rho_q(Y_i − X_i'\beta)$$

其中：Y_i 是观测到的因变量值；

X_i 是对应的自变量值；

β 是待估计的回归系数向量；

$\rho_q(u)$ 是分位数回归的核函数。

当 $q=0.5$ 时，分位数回归就是中位数回归，此时损失函数简化为最小化绝对误差之和，也就是最小绝对偏差（Least Absolute Deviations，LAD）估计。通过分位数回归，我们可以了解到自变量如何影响因变量的不同百分位水平上的变化，这对于全面理解因果效应以及风险管理等方面具有重要意义。

分位数回归包括以下应用场景：

（1）当数据存在异方差性或极端值时，由于其不依赖于误差项的正态分布假设，可以提供更稳健的估计。

（2）描述因变量在不同条件下的整体分布情况，尤其是对于偏斜分布的数据。

（3）在经济、金融等领域，可以用来估算风险边界或者预测某些极端事件的概率。

以下基于甘肃省 1978—2022 年 GRP 数据，采用分位数回归模型进行拟合预测。

5.3.1 模型拟合

```
# 导入所需的库
import pandas as pd
import numpy as np
from statsmodels.regression.quantile_regression import QuantReg
# 读取数据集
df = pd.read_excel('..\data.xls',sheet_name='data',index_col=0,)#
X = df[['Wholesale','TI','Construction','Agriculture']]
```

```
y = df['GRP']
qr_model = QuantReg(y,X)
result = qr_model.fit(q=0.5)# 这里q是分位数,0.5代表中位数回归
# 输出模型结果
print(result.summary())
```

输出信息如图5-3。

```
                      QuantReg Regression Results
==============================================================================
Dep. Variable:                   GRP   Pseudo R-squared:               0.9687
Model:                      QuantReg   Bandwidth:                       83.81
Method:               Least Squares   Sparsity:                        200.8
Date:             Sat, 10 Feb 2024   No. Observations:                   45
Time:                     20:00:57   Df Residuals:                       41
                                      Df Model:                            4
==============================================================================
                 coef    std err          t      P>|t|      [0.025      0.975]
------------------------------------------------------------------------------
Wholesale      7.6787      1.517      5.063      0.000       4.616      10.742
TI             0.2322      0.116      2.000      0.052      -0.002       0.467
Construction   3.5506      0.756      4.699      0.000       2.025       5.077
Agriculture    0.6405      0.246      2.606      0.013       0.144       1.137
==============================================================================
```

图5-3　分位数回归模型摘要信息

5.3.2　模型测试

```
# 使用模型进行预测
new_data = df[['Wholesale','TI','Construction','Agriculture']]
[-3:]
predicted = result.predict(new_data)
display(predicted.values)
```

运行结果如下:

```
array([ 9041.44379148, 10243.30297078, 10777.20906374])
```

5.3.3 结果分析

对预测值和实际值图形化对比如下,运行结果如图5-4。

```python
import matplotlib.pyplot as plt
plt.rcParams['font.family'] = 'Microsoft YaHei'
plt.figure(figsize=(8,4))
# 绘制实际值数据
plt.plot(df[-3:].index,df['GRP'][-3:],'b-',marker='s',label='实际
值')
# 绘制预测值数据
plt.plot(df[-3:].index,predicted.values.reshape(-1,1),
marker='o',color='red',label='预测值')
plt.xticks(df[-3:].index.values)
plt.ylim(bottom=8000)
plt.legend(loc='lower right')# 添加图例
plt.show()# 显示图形
```

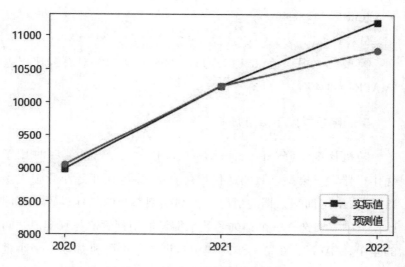

图5-4 GRP实际值与分位数回归模型预测值对比

计算RMSE和MAPE评估模型性能:

```
# 评估模型性能
from sklearn import metrics
import numpy as np
MSE = metrics.mean_squared_error(df['GRP'][-3:],predicted.val
ues)
RMSE=np.sqrt(MSE)
print(f'RMSE= {RMSE:.4f}')
MAPE=[]
for i in range(0,len(predicted)):
    temp=np.abs(predicted[i] − df['GRP'][-3:][i])/df['GRP'][-3:][i]
    MAPE.append(temp)
print(f'MAPE= {np.mean(MAPE) :.4f }')
```

运行结果如下:

RMSE=247.6046

MAPE=0.0149

模型均方根误差（RMSE）为 247.604 6，平均绝对百分比误差（MAPE）为 1.49%。

5.4　随机梯度下降回归

随机梯度下降（Stochastic Gradient Descent，SGD）是一种用于优化机器学习模型参数的迭代优化算法，主要用于最小化损失函数，即在给定训练数据的情况下找到模型参数的最佳设置。在回归任务中需要选择一个损失函数来衡量模型预测值与真实值之间的差距，SGD 算法在每一步迭代中从训练集中随机抽取一个小批量样本，计算当前模型在这些样本上的损失函数关于模型参数的梯度，然后按照梯度的负方向调整。SGD 每次只需要计算少量样本的梯度，大大降低了计算开销，加快了训练速度。尤其是在大规模数据集上具有高效性和可扩展性的优点。SGD 的主要步骤如下：

（1）随机选取一小批量（batch）训练样本。

（2）计算这一小批量样本上的损失函数关于模型参数的梯度。

（3）使用梯度更新参数，通常采用的是负梯度方向乘以学习率（learning rate）的方式，这样可以逐渐逼近损失函数的全局最小值或者局部最小值。

（4）重复上述过程直到满足停止条件（如达到预定的迭代次数、模型性能不再显著提升等）。

SGDRegressor 是 sklearn 库中的一种回归模型，称为随机梯度下降回归器（Stochastic Gradient Descent Regressor），是基于 SGD 算法的学习模型，适用于大规模数据集和内存限制场景下的回归问题。SGDRegressor工作机制如下：

（1）初始化模型参数。

（2）在训练过程中以随机顺序逐一处理数据点，或者以小批量方式处理。

（3）对于每个数据点，模型计算损失函数关于模型参数的梯度，并根据梯度更新模型参数，以朝着减少损失函数值的方向前进。

（4）学习速率（learning rate）控制每次梯度更新的幅度，它可以是固定的也可以是自适应的。

（5）通过不断迭代，模型参数逐渐逼近全局最优解或局部最优解，以使模型对新数据的预测尽可能接近真实值。

以下基于甘肃省1978—2022年GRP数据，采用SGD模型进行拟合预测。

5.4.1　数据预处理

```
# 导入所需的库
import pandas as pd
import numpy as np
from sklearn.linear_model import SGDRegressor
from sklearn.preprocessing import StandardScaler
from sklearn.model_selection import GridSearchCV
# 加载数据
data=pd.read_excel('../data.xls', sheet_name='data',index_col=0)
#特征数据
features = data[['Wholesale','TI','Construction','Agriculture']]
target = data['GRP'] #目标数据
# 特征数据归一化
scaler = StandardScaler()
```

```
X_scaled = scaler.fit_transform(features)
# 划分训练集和测试集
test_size=int(len(features)*0.9)
np.set_printoptions(precision=2)
print(test_size)
X_train=X_scaled[:test_size]
y_train=target[:test_size]
X_test=X_scaled[test_size:]
y_test=target[test_size:]
```

5.4.2　模型拟合

```
# 创建 SGDRegressor 实例
sgd_regressor = SGDRegressor()
# 定义参数网格，这些是你想要尝试的不同参数组合
param_grid = {
    'loss': ['squared_loss', 'huber', 'epsilon_insensitive',
    'squared_epsilon_insensitive'],    # 损失函数
    'penalty': ['l2', 'l1', 'elasticnet'],    # 正则化方法
    'learning_rate': ['constant', 'optimal', 'invscaling',
    'adaptive'],    # 学习率策略
    'alpha': [0.0001, 0.001, 0.01, 0.1, 1.0],    # 正则化强度
    'max_iter': [1000, 5000, 10000],    # 最大迭代次数
}
# 使用 GridSearchCV 进行参数搜索，使用 5 折交叉验证和均方
误差作为评价指标
grid_search = GridSearchCV(sgd_regressor, param_grid, cv=5,
scoring='neg_mean_squared_error')
```

```
grid_search.fit(X_train, y_train)
print('Best parameters found: ', grid_search.best_params_)# 输出
最佳参数
# 使用最佳参数创建SGDRegressor实例
best_sgd_regressor = SGDRegressor(**grid_search.best_params_)
# 训练模型
best_sgd_regressor.fit(X_train, y_train)
```

参数搜索结果如下：

```
Best parameters found:
    'alpha': 1.0,
    'learning_rate': 'optimal',
    'loss': 'squared_loss',
    'max_iter': 10000,
    'penalty': 'l1'
```

5.4.3　模型测试

```
# 使用模型进行预测
predictions = best_sgd_regressor.predict(X_test)
df1=data[test_size:]
df1['pred']=predictions
display(round(df1[['GRP','pred']],4))
```

运行结果见表5-1。

表5-1　SGD模型GRP预测结果

year	GRP	pred	year	GRP	pred
2018	8104.0700	8038.3518	2021	10243.3051	10166.7477
2019	8718.3000	8756.6221	2022	11201.6000	10762.4215
2020	8979.6664	9100.9864			

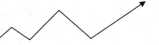

5.4.4 结果分析

对预测值和实际值图形化对比如下，运行结果如图 5-5。

```
import matplotlib.pyplot as plt
plt.rcParams['font.family'] = 'Microsoft YaHei'
plt.figure(figsize=(9, 5))
# 绘制实际值数据
plt.plot(data[test_size:].index,y_test, 'b-',marker='s', label='测试值')
# 绘制预测值数据
plt.plot(data[test_size:].index,predictions, marker='o',color='red', label='预测值')
plt.xticks(data[test_size:].index)
plt.ylim(bottom=7000)
plt.legend(loc='lower right')# 添加图例
plt.show()# 显示图形
```

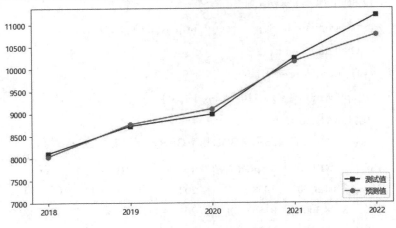

图 5-5　GRP 实际值与 SGD 模型预测值对比

计算 RMSE 和 MAPE 评估模型性能：

```
# 评估模型性能
from sklearn import metrics
from sklearn.metrics import mean_squared_error, r2_score
MSE = metrics.mean_squared_error(y_test.values, predictions)
RMSE=np.sqrt(MSE)
print('RMSE = ',round(RMSE,4))
r2 = r2_score(y_test.values, predictions)
print('R^2 Score = ',round(r2,4))
MAPE=[]
for i in range(0,len(predictions)):
    temp=np.abs(predictions[i] −y_test.values[i])/y_test.values[i]
    MAPE.append(temp)
print('MAPE = ',round(np.mean(MAPE),4))
```

运行结果如下：

```
RMSE=209.4014
R^2 Score=0.965
MAPE=0.0145
```

模型均方根误差（RMSE）为 209.401 4，平均绝对百分比误差（MAPE）为 1.45%。模型的预测效果与特征集选择密切相关，上述过程中选择了甘肃省 1978—2013 年的建筑业和批发零售业数据作为特征集，为提升模型准确率选用不同特征集的预测效果对比如表 5-2。

表 5-2　不同特征集下的 SGD 模型性能对比

特征集	RMSE	R2	MAPE
Wholesale,TI,Construction,Agriculture	209.4014	0.9650	1.45%
Wholesale,TI,Construction	436.1169	0.8482	3.31%
Wholesale,TI	462.5385	0.8293	4.68%
Wholesale	193.4851	0.9701	1.46%

5.5　最小二乘支持向量机回归

支持向量机(Support Vector Machine,SVM)最初主要用于分类问题,但通过引入核函数和松弛变量,也能够处理回归问题,被称为支持向量回归(Support Vector Regression,SVR)。SVR 的目标是找到一个函数 $f(x)$,使得样本点到该函数的预测值与真实值之间的误差在一定的可容忍范围内,同时尽可能使这个函数的复杂度降低,即找到最大间隔的决策边界。

最小二乘支持向量机回归(Least Squares Support Vector Machine Regression,LS-SVMR)是支持向量机回归(SVR)的一种变体,主要针对传统 SVR 在解决回归问题时的局限性进行改进。在标准 SVR 中,采用的是 ε-insensitive 损失函数,对于落在 ε 邻域内的误差不计入模型训练成本,但在某些情况下,这种处理方式可能导致模型对中小误差不够敏感。而 LS-SVMR 则是采用了平方误差损失函数,即将预测值与真实值之间的差的平方作为损失,因此它更类似于传统的回归分析方法,如线性回归或逻辑回归。

LS-SVMR 的优化目标是在满足特定约束条件下最小化所有样本点预测值与真实值之差的平方和,其数学模型可以表示为二次规划问题,求解过程相对直接且稳定。同时,由于使用了核函数,LS-SVMR 同样可以有效处理非线性回归问题。LS-SVMR 结合了支持向量机的思想和最小二乘回归的优点,不仅能够处理非线性回归问题,还具有计算效率较高、鲁棒性较好的特点。

以下基于甘肃省 1978—2022 年 GRP 数据,采用 LS–SVMR 模型进行拟合预测。

5.5.1　模型拟合

```
# 导入所需的库
from sklearn.svm import SVR
from sklearn.model_selection import train_test_split
import pandas as pd
df=pd.read_excel('../data.xls',sheet_name='data',index_col=0)
# 数据预处理
features = df['Wholesale'].values
target = df['GRP'].values
# 划分训练集和测试集
train_size=int(len(features)*0.9)
X_train=features[:train_size]
y_train=target[:train_size]
X_test=features[train_size:]
y_test=target[train_size:]
# 使用LS-SVMR模型(在sklearn中SVR使用了类似LS-SVM
的方法)
model = SVR(kernel='linear')
# 训练模型
model.fit(X_train.reshape(-1,1),y_train.reshape(-1,1))
params_info = model.get_params()
print('model Parameters:')
```

```
for param_name, param_value in params_info.items():
print(f'{param_name}: {param_value}')
```

运行结果如下：

```
model Parameters:
    C: 1.0
    cache_size: 200
    coef0: 0.0
    degree: 3
    epsilon: 0.1
    gamma: scale
    kernel: linear
    max_iter: -1
    shrinking: True
    tol: 0.001
    verbose: False
```

5.5.2 模型测试

```
# 预测测试集
predictions = model.predict(X_test.reshape(-1,1))
# 打印预测结果
df1=df[train_size:]
df1['predGRP']=predictions
display(round(df1[['GRP','predGRP']],4))
```

运行结果见表 5-3。

表5-3 LS-SVMR模型GRP预测结果

year	GRP	predGRP	year	GRP	predGRP
2018	8104.0700	7972.2368	2021	10243.3051	10353.8830
2019	8718.3000	8766.0052	2022	11201.6000	10785.9687
2020	8979.6664	8980.4431			

5.5.3 结果分析

对预测值和实际值图形化对比如下,运行结果如图5-6。

```
import matplotlib.pyplot as plt
plt.rcParams['font.family'] = 'Microsoft YaHei'
plt.figure(figsize=(8, 4))
# 绘制实际值数据
plt.plot(df[train_size:].index,y_test.reshape(-1,1),'b-',marker='s',
label='实际值')
# 绘制预测值数据
plt.plot(df[train_size:].index, predictions.reshape(-1,1),
marker='o',color='red', label='预测值')
plt.ylim(bottom=6000)
plt.xticks(df[train_size:].index)
plt.legend(loc='lower right')# 添加图例
plt.show()# 显示图形
```

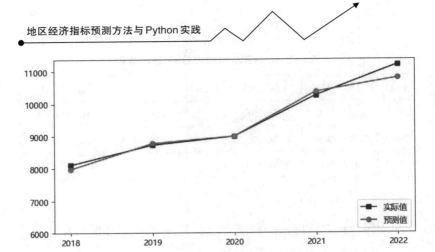

图5-6　GRP实际值与LS-SVMR模型预测值对比

计算RMSE和MAPE评估模型性能：

```
# 评估模型性能
from sklearn import metrics
import numpy as np
MSE = metrics.mean_squared_error(y_test, predictions)
RMSE=np.sqrt(MSE)
print('RMSE = ',round(RMSE,4))
MAPE=[]
for i in range(0,len(predictions)):
    temp=np.abs(predictions[i] − y_test[i])/y_test[i]
    MAPE.append(temp)
print('MAPE = ',round(np.mean(MAPE),4))
```

运行结果如下：

```
RMSE=202.3033
MAPE=0.0139
```

模型均方根误差（RMSE）为202.303 3,平均绝对百分比误差

（MAPE）为1.39%。

5.6 高斯过程回归

高斯过程回归（Gaussian Process Regression，GPR）是一种基于贝叶斯统计理论的概率性非参数机器学习方法，主要用于解决回归问题。在GPR中，函数本身被建模为一个高斯过程，任何有限个函数值的联合分布都服从多维高斯分布。高斯过程是一种随机过程，其任意有限个样本点的联合分布都是高斯分布，并且这个性质不仅仅依赖于单个点，而是整个函数空间的分布特性。高斯过程由其均值函数（通常是零）和协方差函数（或核函数）定义，后者描述了函数值之间的相关性结构。协方差函数也称为核函数，决定了高斯过程中的函数样例如何彼此关联，不同的核函数能够捕捉不同的函数特性，例如平滑性、周期性、长度尺度等。

GPR不是直接指定一个具体的函数形式，而是给定一个先验分布（即高斯过程），然后根据观测到的数据更新得到后验分布，进而对新输入点的函数值及其不确定性进行预测。GPR的核心在于采用贝叶斯推理来处理不确定性，通过对数据添加高斯噪声模型，GPR允许同时估计函数值和不确定性，预测结果通常给出的是每个预测值的概率分布而非单一数值。高斯过程回归模型包含一些控制核函数行为的超参数，这些参数可以通过最大化似然函数或者边际似然来进行估计。

GPR在机器学习中的回归预测、计算机实验设计、信号处理、时间序列分析、系统辨识等多领域中有广泛应用，以其灵活性、处理不确定性以及在小样本情况下有效工作等特点而受到青睐。但它也存在一定的计算复杂度问题，尤其是在大规模数据集上，计算和存储相关的协方差矩阵可能非常昂贵。

以下基于甘肃省1978—2022年GRP数据,采用GRP模型进行拟合预测。

5.6.1 参数选择

```
# 导入所需的库
import pandas as pd
import numpy as np
from sklearn.gaussian_process import GaussianProcessRegressor
from sklearn.gaussian_process.kernels import RBF, WhiteKernel
from sklearn.model_selection import GridSearchCV
# 数据预处理
df=pd.read_excel('../data.xls', sheet_name='data',index_col=0)
features = df['Wholesale'].values
target = df['GRP'].values
# 划分训练集和测试集
train_size=int(len(features)*0.95)
X_train=features[:train_size]
y_train=target[:train_size]
X_test=features[train_size:]
y_test=target[train_size:]
# 定义一个组合核函数,这里选择了RBF核和白噪声核
kernel = RBF(length_scale=1.0) +WhiteKernel(noise_level=1)
# 创建 GaussianProcessRegressor 实例
gp = GaussianProcessRegressor(kernel=kernel, alpha=1e-10)
# 定义超参数网格搜索范围
param_grid = {
'kernel': [RBF(length_scale=l) +WhiteKernel(noise_level=n)
```

```
for l in np.logspace(-2, 2, 5)    # RBF长度尺度参数
for n in np.logspace(-2, 2, 5)    # 白噪声级别参数
                ],
'alpha': 10.0 ** -np.arange(1, 7),    # 噪声水平参数
}
# 使用GridSearchCV进行超参数选择
grid_search = GridSearchCV(gp, param_grid, cv=5, verbose=1,
n_jobs=-1)
grid_search.fit(X_train.reshape(-1,1), y_train.reshape(-1,1))
# 输出最优参数
print('Best parameters found: ', grid_search.best_params_)
```

运行结果如下：

Best parameters found:

{'alpha': 1e-06,

'kernel':RBF(length_scale=0.1) + WhiteKernel(noise_level=0.01)}

5.6.2   模型拟合测试

用5.6.1节参数进行GPR模型拟合如下：

```
# 定义高斯核函数
kernel=RBF(length_scale=0.1,length_scale_bounds=(1e-3, 1e3))+
WhiteKernel(noise_level=0.01)#,
# 创建高斯过程回归模型
gpr = GaussianProcessRegressor(kernel=kernel, alpha=1e-06,
normalize_y=True,copy_X_train=False,
optimizer= 'fmin_l_bfgs_b')
# 训练模型
gpr.fit(X_train.reshape(-1,1), y_train.reshape(-1,1))
```

使用模型进行预测

```
predictions = gpr.predict(X_test.reshape(-1,1))
display([round(num, 2) fornuminpredictions])
```

运行结果如下：

```
[8869.32, 9078.72, 8874.15]
```

5.6.3 结果分析

对预测值和实际值图形化对比如下，运行结果如图5-7。

```
import matplotlib.pyplot as plt
plt.rcParams['font.family'] = 'Microsoft YaHei'
plt.figure(figsize=(8, 4))
# 绘制实际值数据
plt.plot(df[train_size:].index,y_test.reshape(-1,1), 'b-',marker='s',
label='实际值')
# 绘制预测值数据
plt.plot(df[train_size:].index, predictions.reshape(-1,1),
marker='o',color='red', label='预测值')
plt.ylim(bottom=6000)
plt.xticks(df[train_size:].index)
plt.legend(loc='lower right')# 添加图例
plt.show()# 显示图形
```

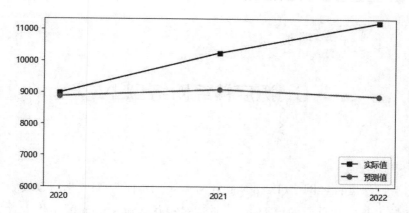

图 5-7　GRP 实际值与 GPR 模型预测值对比

计算 RMSE 和 MAPE 评估模型性能：

```
# 评估模型性能
from sklearn import metrics
import numpy as np
MSE = metrics.mean_squared_error(y_test, predictions)
RMSE=np.sqrt(MSE)
print('RMSE = ',round(RMSE,4))
MAPE=[]
for i in range(0,len(predictions)):
    temp=np.abs(predictions[i] − y_test[i])/y_test[i]
    MAPE.append(temp)
print('MAPE = ',round(np.mean(MAPE),4))
```

运行结果如下：

```
RMSE=1503.9314
MAPE=0.1113
```

模型的均方根误差（RMSE）为 1 503.931 4，平均绝对百分比误差（MAPE）为 11.13%。

6 深度神经网络 DNN

深度神经网络（Deep Neural Network，DNN）是深度学习领域中最为基础和重要的模型之一，它通过模仿人脑神经元的工作方式构建多层次的非线性模型来解决复杂的模式识别和预测问题。DNN 是一种具有多层结构的人工神经网络，每一层都包含多个节点或神经元，这些神经元之间通过加权连接传递信息，并通常使用非线性激活函数进行转换，形成多级非线性变换的模型。

在 DNN 中，输入数据首先通过输入层接收，然后逐层经过隐藏层进行处理。每层神经元将前一层的输出作为其输入，并计算出自己的输出值，这个过程会提取并逐渐增加数据的抽象层次特征表达。最后一层被称为输出层，它的输出结果就是整个网络对输入数据的最终预测或分类。DNN 因其多层次的结构而能够学习到更复杂、更高级别的特征表示，这使得它们在许多机器学习任务中表现出色，例如图像识别、语音识别、自然语言处理、推荐系统等。

DNN 网络具有以下特点：

（1）层次结构：DNN 包含多个层次，通常划分为输入层、多个隐藏层以及输出层。输入层接收原始数据，隐藏层负责特征提取和表示学习，输出层产生最终预测结果。

（2）非线性激活函数：每个隐藏层内的神经元使用非线性激活函数（如 sigmoid、ReLU 等），使 DNN 能够学习复杂的非线性关系。

（3）全连接层：DNN中的隐藏层通常是全连接层，该层中每个神经元与前一层的所有神经元都有连接，并拥有自己的权重。

（4）特征学习：随着网络深度的增加，网络能够自动学习到越来越抽象和复杂的特征表示。

（5）端到端训练：早期DNN的训练经常采用逐层预训练，然后整体进行有监督微调的方法，随着反向传播算法和优化技术的进步，现代DNN通常直接采用端到端的训练方式。

DNN的训练过程包括以下四步：

（1）前向传播：输入数据通过网络层层传递，经过各个层的线性变换和非线性激活函数处理，直至到达输出层得到预测结果。

（2）损失函数：预测结果与真实标签比较，通过损失函数量化预测误差。

（3）反向传播：使用梯度下降或其他优化方法，计算损失函数关于网络参数（权重和偏置）的梯度，并沿梯度反方向更新参数以最小化损失函数。

（4）正则化与优化：为了避免过拟合，常采用正则化手段（如L1、L2正则化）并结合优化算法（如 Adam、SGD with Momentum 等）进行训练。

6.1　单因素DNN模型预测GRP

选取批发和零售业增加值（Wholesale）作为特征集，采用单因素DNN模型预测GRP。

6.1.1　模型训练

```
# 导入所需的库
import numpy as np
import pandas as pd
```

```python
from keras.models import Sequential
from keras.layers import Dense
from sklearn.preprocessing import MinMaxScaler
from sklearn.model_selection import train_test_split
df=pd.read_excel('../data.xls',sheet_name='data',index_col=0)
# 数据预处理
features = df['Wholesale'].values
target = df['GRP'].values
# 对数据进行标准化
scaler = MinMaxScaler()
features_scaled = scaler.fit_transform(features.reshape(-1,1))
target_scaled=scaler.fit_transform(target.reshape(-1,1))
# 划分训练集和测试集
train_size=int(len(features_scaled)*0.8)
X_train=features_scaled[:train_size]
y_train=target_scaled[:train_size]
X_test=features_scaled[train_size:]
y_test=target_scaled[train_size:]
# 构建DNN模型
model = Sequential()
# 输入层
model.add(Dense(32,input_dim=features.shape[1],activation=
'relu'))
model.add(Dense(16,activation='relu'))# 隐藏层
model.add(Dense(1))# 输出层
# 编译模型,使用均方误差作为损失函数,优化器为 Adam
```

```
model.compile(loss='mean_squared_error',optimizer='adam')
# 训练模型
model.fit(X_train,y_train,epochs=100,batch_size=32,
validation_split=0.2)
model.summary()
```

模型摘要信息如图6-1。

```
Model: "sequential_20"

_____
Layer (type)                 Output Shape              Param #
=================================================================
dense_55 (Dense)             (None, 32)                96

dense_56 (Dense)             (None, 16)                528

dense_57 (Dense)             (None, 1)                 17

=================================================================
Total params: 641
Trainable params: 641
Non-trainable params: 0
_____
```

图6-1　DNN模型摘要信息

6.1.2　模型测试

```
predictions = model.predict(X_test)# 预测
y_pred = scaler.inverse_transform(predictions)
y_test=scaler.inverse_transform(y_test)
display(y_pred.reshape(1,-1))
```

运行结果如下：

[7970.058,　8707.842,　8907.155,　10183.727,　10585.339]

6.1.3 结果分析

对预测值和实际值图形化对比如下,运行结果如图6-2。

```
import matplotlib.pyplot as plt
plt.rcParams['font.family'] = 'Microsoft YaHei'
plt.figure(figsize=(8,5))
# 绘制实际值数据
plt.plot(df[train_size:].index,y_test.reshape(-1,1),'b-',marker='s',
label='实际值')
# 绘制预测值数据
plt.plot(df[train_size:].index,y_pred.reshape(-1,1),
marker='o',color='red',label='预测值')
plt.ylim(bottom=7000)
plt.xticks(df[train_size:].index)
plt.legend(loc='lower right')# 添加图例
plt.show()# 显示图形
```

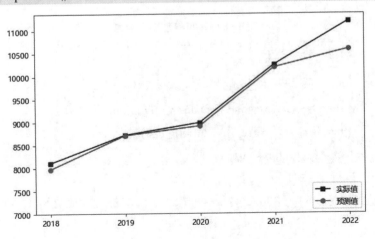

图6-2　GRP实际值与单因素DNN模型预测值对比

计算RMSE和MAPE评估模型性能：

```
# 评估模型性能
from sklearn import metrics
import numpy as np
MSE = metrics.mean_squared_error(y_test,y_pred)
RMSE=np.sqrt(MSE)
print('RMSE = ',round(RMSE,4))
MAPE=[]
for i in range(0,len(y_pred)):
    temp=np.abs(y_pred[i] − y_test[i])/y_test[i]
    MAPE.append(temp)
print('MAPE = ',round(np.mean(MAPE),4))
```

运行结果如下：

```
RMSE=285.1855
MAPE=0.0173
```

模型均方根误差（RMSE）为285.185 5，平均绝对百分比误差（MAPE）为1.73%。

6.2 多因素DNN模型预测GRP

选取批发和零售业增加值（Wholesale）和第三产业增加值（TI）作为特征集，采用多因素DNN模型预测GRP。模型训练和预测过程同上节，特征集选取如下：

```
features = df[['Wholesale','TI']].values
target = df['GRP'].values
```

模型摘要信息如图6-3。

```
Layer (type)              Output Shape              Param #
=================================================================
dense_55 (Dense)          (None, 32)                96

dense_56 (Dense)          (None, 16)                528

dense_57 (Dense)          (None, 1)                 17


=================================================================
Total params: 641
Trainable params: 641
Non-trainable params: 0

Model: "sequential_20"
_____
Layer (type)              Output Shape              Param #
=================================================================
dense_55 (Dense)          (None, 32)                96

dense_56 (Dense)          (None, 16)                528

dense_57 (Dense)          (None, 1)                 17


=================================================================
Total params: 641
Trainable params: 641
Non-trainable params: 0
```

图6-3 多因素DNN模型摘要信息

测试集预测结果为：

[8469.475， 9219.28 ， 9470.412， 10613.098， 11110.984]

预测值和实际值图形化对比如图6-4所示。

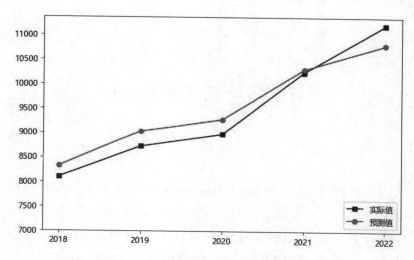

图6-4 GRP实际值与多因素DNN模型预测值对比

经计算,模型均方根误差(RMSE)为283.670 2,平均绝对百分比误差(MAPE)为2.77%。多因素DNN模型预测准确率较单因素模型反而降低。

7　多层感知器 MLP

多层感知器(Multilayer Perceptron,MLP)是一种具有多层结构的前馈型人工神经网络模型,通常应用于分类和回归问题等监督学习任务。MLP通过逐层处理输入数据,允许模型学习非常复杂的非线性关系,该模型包含多个隐藏层,每一层由多个神经元组成,神经元之间通过加权连接,并使用激活函数进行非线性变换。数据首先通过输入层,接着通过一个或多个隐藏层,每个隐藏层中的神经元会对前一层的输出应用非线性激活函数,隐藏层和输出层的神经元通过反向传播算法更新其权重和偏置,以最小化预测值与真实值之间的损失函数(如均方误差 MSE)最终数据流向输出层,输出层提供对目标变量的预测。

MLP的基本结构包括以下几个关键组件:

(1)输入层(Input Layer):接收外部环境输入的原始特征数据。

(2)隐藏层(Hidden Layers):位于输入层和输出层之间的任意数量的层,每个神经元(节点)都会对其前一层的所有神经元的输出进行加权求和,并将这个线性组合的结果通过一个非线性激活函数进行转换。这些非线性操作使得MLP能够捕获复杂的模式。

(3)激活函数(Activation Functions):如 ReLU(Rectified Linear Units)、Sigmoid、Tanh 等,用于在隐藏层和输出层中引入非线性。

(4)权重和偏置(Weights and Biases):权重是连接神经元之间

的数值,决定着不同神经元间信息传递的重要性;偏置是添加到每个神经元输出的额外参数,用于控制神经元的整体响应。

(5)输出层(Output Layer):根据隐藏层的输出计算最终结果。在回归任务中,通常不使用激活函数或使用线性激活函数;而在分类任务中,可能使用 Softmax 函数或其他函数。

(6)训练(Training):MLP 使用反向传播算法(Backpropagation)进行训练,通过比较模型预测值与真实标签之间的差异(损失函数)来更新网络中的权重和偏置,使得模型在训练集上的表现逐步改善。

MLP 回归模型训练过程主要包括以下步骤:

(1)初始化权重:给每一层的神经元之间的连接(即权重)赋予随机初始值。

(2)前向传播:将输入数据通过各层神经元,根据权重进行加权求和,并通过激活函数转换为非线性表达。

(3)计算损失:将模型预测的输出与实际目标值比较,计算损失函数(如均方误差 MSE)。

(4)反向传播:根据损失函数的梯度,从输出层到输入层逐层更新权重参数,这个过程利用了链式法则来计算损失关于权重的梯度。

(5)优化迭代:通过优化算法(如梯度下降、Adam 等)调整权重参数,不断迭代上述步骤,直到达到预设的停止条件(例如达到一定的迭代次数或损失函数收敛到足够小的程度)。

MLP 能够捕捉复杂的数据内在关系,并且通过适当的网络结构和参数设置,可以对非线性、高维度问题提供有效的拟合和预测能力。在 Python 中,可以通过 Scikit-Learn、TensorFlow、PyTorch 等机器学习库实现多层感知器回归模型。Scikit-learn 库中的 ML-

PRegressor类实现MLP模型,它的主要参数如下:

(1)hidden_layer_sizes:定义隐藏层神经元的数量。

(2)activation:激活函数,常见的有 ReLU、tanh、sigmoid等。

(3)solver:优化算法,如 sgd(随机梯度下降)、adam等。

(4)learning_rate:学习率策略,可选择常数、自适应等模式。

(5)max_iter:最大迭代次数。

在实际应用中,MLP可以通过调整隐藏层数量、每层神经元数量、激活函数类型、优化器算法和学习率等参数来适应不同的问题和数据集。随着深度学习的发展,多层感知器及其变体在图像识别、语音识别、自然语言处理等诸多领域都得到了广泛地应用。

以下基于甘肃省 1978—2022 年 GRP 数据,采用 MLP 模型进行拟合预测。

7.1　模型拟合

```
# 导入所需的库
from sklearn.neural_network import MLPRegressor
from sklearn.model_selection import train_test_split
from sklearn.preprocessing import StandardScaler
import numpy as np
import pandas as pd
# 加载数据
data=pd.read_excel('../data.xls', sheet_name=data,index_col=0)
X=data['Wholesale'].values#特征数据:批发零售业
y=data['GRP'].values#目标数据:地区生产总值
# 数据预处理,对特征进行标准化
scaler = StandardScaler()
```

```
X_scaled = scaler.fit_transform(X.reshape(-1,1))
y_scaled = scaler.fit_transform(y.reshape(-1,1))
# 划分训练集和测试集
test_size=int(len(data)*0.8)
X_train=X_scaled[:test_size]
y_train=y_scaled[:test_size]
X_test=X_scaled[test_size:]
y_test=y_scaled[test_size:]
# 创建并初始化非线性回归模型，这里使用多层感知器回归器
mlp_regressor = MLPRegressor(hidden_layer_sizes=(20,),
activation='relu', solver='adam', max_iter=500)
# 训练模型
mlp_regressor.fit(X_train.reshape(-1,1), y_train.reshape(-1,1))
```

7.2　模型测试

```
# 使用模型进行预测
predictions = mlp_regressor.predict(X_test.reshape(-1,1))
y_test_inscaler=scaler.inverse_transform(y_test)
predictions_inscaler=scaler.inverse_transform(
predictions.reshape(-1,1))
# 输出预测结果
df1=data[test_size:]
df1['pred']=predictions_inscaler
display(round(df1[['GRP','pred']],4))
```

运行结果见表7-1。

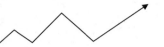

表 7-1　MLP模型GRP预测结果

year	GRP	pred	year	GRP	pred
2014	6518.3900	6492.5722	2019	8718.3000	8754.2105
2015	6556.5500	6684.4367	2020	8979.6664	8964.5515
2016	6907.9100	7033.1363	2021	10243.3051	10311.7516
2017	7336.7400	7352.3796	2022	11201.6000	10735.5822
2018	8104.0700	7975.6072			

7.3　结果分析

对预测值和实际值图形化对比如下，运行结果如图7-1。

```python
import matplotlib.pyplot as plt
plt.rcParams['font.family'] = 'Microsoft YaHei'
plt.figure(figsize=(10, 4))
# 绘制实际值数据
plt.plot(data[test_size:].index,y_test_inscaler, 'b-',marker='s',
label='实际值（训练集）')
# 绘制预测值数据
plt.plot(data[test_size:].index,predictions_inscaler,
marker='o',color='red', label='预测值（训练集）')
plt.legend(loc='lower right')# 添加图例
plt.show()# 显示图形
```

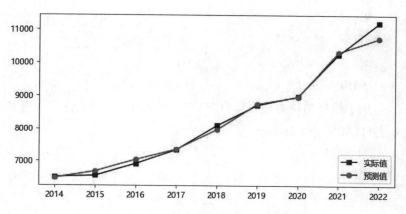

图 7-1　GRP 实际值与 MLP 模型预测值对比

计算 RMSE 和 MAPE 评估模型性能：

```
# 评估模型性能
from sklearn import metrics
from sklearn.metrics import mean_squared_error, r2_score
MSE = metrics.mean_squared_error(y_test_inscaler, predic
tions_inscaler)
RMSE=np.sqrt(MSE)
print('RMSE = ',round(RMSE,4))
r2 = r2_score(y_test_inscaler, predictions_inscaler)
print('R^2 Score = ',round(r2,4))
MAPE=[]
for i in range(0,len(predictions_inscaler)):
    temp=np.abs(predictions_inscaler[i] −y_test_inscaler[i])/
        y_test_inscaler[i]
    MAPE.append(temp)
print('MAPE = ',round(np.mean(MAPE),4))
```

运行结果如下：

RMSE =174.1092

R^2 Score =0.9876

MAPE =0.0126

MLP模型的均方根误差（RMSE）为174.109 2，平均绝对百分比误差（MAPE）为1.26%。

8 循环神经网络 RNN

　　循环神经网络（Recurrent Neural Network, RNN）是一种人工神经网络架构,能够利用内部的循环结构处理任意长度的输入序列,捕捉数据中的时间依赖性和上下文信息,适于处理序列数据或时间序列数据。在 RNN 中,每一个时间步的输出不仅仅取决于当前时间步的输入,还受到前一个时间步的隐藏状态的影响,隐藏状态是一个记忆单元,存储过去的信息并将其传递到未来的时间步中。RNN 每个时间步 t 的单元通常包含三个主要部分:输入门接收当前时间步的输入特征,隐藏状态存储并更新历史信息,输出门基于隐藏状态产生当前时间步的输出。当前时间步的输出既可以作为下一步的输入也可以直接作为模型的预测结果。

　　隐藏状态会在每个时间步迭代更新,公式可表示为:

$h\_t = f(h\_\{t-1\}, x\_t)$

　　其中: h_t 是当前时间步的隐藏状态;

　　　　 $h\_\{t-1\}$ 是上一时间步的隐藏状态;

　　　　 x_t 是当前时间步的输入;

　　　　 f 是一个非线性激活函数(如 tanh 或 ReLU)的变换函数。

　　RNN 的一个关键特性是其权重矩阵在整个序列中是共享的,这允许网络在有限的参数空间内学习长期依赖关系。RNN 在训练过程中也可能会遇到长期依赖问题,表现为梯度消失或梯度爆炸,

限制了它在长序列中的学习能力。为此,出现了多种改进版本的
RNN,如长短期记忆网络(LSTM)和门控循环单元(GRU)等,它们
通过引入特殊的门控机制来更有效地保存和遗忘信息,从而增强
了捕捉长时间间隔依赖的能力。RNN广泛应用于自然语言处理、
语音识别、音乐生成、视频分析、生物信息学、金融预测等。

以下基于甘肃省1978—2022年GRP数据,采用RNN模型进行
拟合预测。

8.1 单因素RNN模型预测GRP

8.1.1 数据预处理

```
# 导入所需的库
import pandas as pd
import numpy as np
import tensorflow as tf
from sklearn.preprocessing import MinMaxScaler
from sklearn.model_selection import train_test_split
from sklearn.metrics import mean_squared_error
# 读取数据集
data=pd.read_excel('..\data.xls',sheet_name='data',index_col=0)#
# 提取时间序列特征和目标变量
X = data['Wholesale'] # 时间序列特征[批发和零售业增加值]
y = data['GRP'] # 目标变量[地区生产总值]
```

8.1.2 训练模型

```
# 转换数据为RNN输入格式
X_train = np.reshape(X_train, (X_train.shape[0], X_train.shape
```

[1], 1))

X_test = np.reshape(X_test, (X_test.shape[0], X_test.shape[1], 1))

\# 创建 RNN 模型

model = tf.keras.models.Sequential([

　　　　tf.keras.layers.SimpleRNN(units=256, activation='relu',

　　　　　　　　　　input_shape=(X_train.shape[1], 1)),

　　　　tf.keras.layers.Dense(units=1)

　　　　])

\# 编译模型

model.compile(optimizer='adam', loss='mean_squared_error')

\# 训练模型

model.fit(X_train, y_train, epochs=100, batch_size=32)

print(model.summary())

模型摘要信息如图 8-1。

```
Model: "sequential_2"

_____
Layer (type)                 Output Shape              Param #
=================================================================
simple_rnn_2 (SimpleRNN)     (None, 256)               66048

dense_2 (Dense)              (None, 1)                 257


=================================================================
Total params: 66,305
Trainable params: 66,305
Non-trainable params: 0
_____
```

图 8-1　单因素 RNN 模型摘要信息

神经网络训练时将整个训练集划分为多个小批量数据，batch_size 用来设置每个小批量中的样本数，主要作用是：

（1）内存管理：较小的 batch_size 会减少内存需求，模型只需存储和处理一小部分数据即可进行一次前向传播和反向传播过程。

（2）梯度计算：通过 mini-batch 进行梯度下降优化，可以利用每批次样本的平均梯度来近似整体数据的梯度，有助于收敛，并且可能减少训练过程中的噪声影响。

（3）稳定训练：较大的 batch_size 可以提供更稳定的梯度估计，但可能会导致学习过程中的微小细节被平滑掉，尤其是在早期迭代阶段。

（4）硬件加速：现代深度学习框架 TensorFlow、PyTorch 等对批量操作进行了优化，适当大小的 batch_size 能够更好地利用 GPU 并行计算。

选择 batch_size 时需要综合考虑硬件限制（尤其是 GPU 显存）、模型复杂度以及训练集大小等因素，常见的 batch_size 选择范围可以从 8 到几千不等，具体数值取决于实际问题和资源情况。较大的 batch_size 可能会导致收敛速度变快，但并非总是最优选择，有时较小的 batch_size 可能会获得更好的泛化性能。

8.1.3　模型测试

```
# 预测测试集
y_pred = model.predict(X_test)
# 反归一化预测结果
y_test1 = scaler.inverse_transform(y_test)
y_pred = scaler.inverse_transform(y_pred)
df1=data[train_size:]
df1['predGRP']=y_pred
display(round(df1[['GRP','predGRP']],4))
```

运行结果见表 8-1。

表 8-1　单因素 RNN 模型 GRP 预测结果

year	GRP	predGRP	year	GRP	predGRP
2018	8104.0700	7907.6182	2021	10243.3051	10054.5889
2019	8718.3000	8626.2930	2022	11201.6000	10442.7998
2020	8979.6664	8820.3330			

8.1.4　结果分析

对预测值和实际值图形化对比如下,运行结果如图 8-2。

```python
import matplotlib.pyplot as plt
plt.rcParams['font.family'] = 'Microsoft YaHei'
plt.figure(figsize=(8, 5))
# 绘制实际值数据
plt.plot(data[train_size:].index,y_test1.reshape(-1,1),'b-',
marker='s', label='实际值')
# 绘制预测值数据
plt.plot(data[train_size:].index,y_pred.reshape(-1,1),
marker='o',color='red', label='预测值')
plt.legend(loc='upper left')# 添加图例
plt.ylim(bottom=7000)
plt.xticks(df1.index)
plt.show()# 显示图形
```

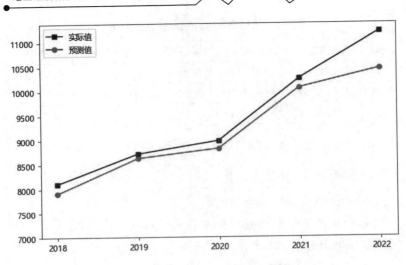

图 8-2　GRP 实际值与单因素 RNN 模型预测值对比

计算 RMSE 和 MAPE 评估模型性能：

```
# 评估模型性能
from sklearn import metrics
import numpy as np
MSE = metrics.mean_squared_error(df1['GRP'], df1['predGRP'])
RMSE=np.sqrt(MSE)
print('RMSE = ',round(RMSE,4))
MAPE=[]
for i in range(0,len(df1['predGRP'])):
    temp=np.abs(df1['predGRP'].values[i] – df1['GRP'].values[i])/
        df1['GRP'].values[i]
    MAPE.append(temp)
print('MAPE = ',round(np.mean(MAPE),4))
```

运行结果如下：

RMSE =369.8208

MAPE =0.0277

模型均方根误差(RMSE)为369.820 8,平均绝对百分比误差(MAPE)为2.77%。

8.2 多因素RNN模型预测GRP

8.1节用单个特征(批发和零售业增加值)预测GRP,测试误差率为2.77%,为增强模型对实际应用场景的适应能力,本节采用与GRP相关性最高的批发和零售业增加值、第三产业增加值、建筑业增加值、农林牧渔业增加值四个特征量进行预测。

8.2.1 模型拟合和测试

```
# 导入所需的库
import pandas as pd
import numpy as np
import tensorflow as tf
from sklearn.preprocessing import MinMaxScaler
from sklearn.model_selection import train_test_split
from sklearn.metrics import mean_squared_error
# 读取数据集
data = pd.read_excel('..\data.xls', sheet_name='data',index_col=
0)
# 提取时间序列特征和目标变量
X = data[['Wholesale','TI','Construction','Agriculture']]    #时间
序列特征
y = data['GRP'] # 目标变量[地区生产总值]
# 数据归一化
```

```
scaler = MinMaxScaler()
X_scaled = scaler.fit_transform(X.values.reshape(-1,4))
y_scaled = scaler.fit_transform(np.array(y).reshape(-1, 1))
# 划分训练集和测试集
train_size=int(len(data)*0.90)
X_train=X_scaled[:train_size]
y_train=y_scaled[:train_size]
X_test=X_scaled[train_size:]
y_test=y_scaled[train_size:]
# 转换数据为 RNN 输入格式
X_train = np.reshape(X_train, (X_train.shape[0], X_train.shape[1], 1))
X_test = np.reshape(X_test, (X_test.shape[0], X_test.shape[1], 1))
# 创建 RNN 模型
model = tf.keras.models.Sequential([
        tf.keras.layers.SimpleRNN(units=256, activation='relu',
                        input_shape=(X_train.shape[1], 1)),
        tf.keras.layers.Dense(units=1)
])
# 编译模型
model.compile(optimizer='adam', loss='mean_squared_error')
# 训练模型
model.fit(X_train, y_train, epochs=100, batch_size=1)
print(model.summary())
```

模型摘要信息如图 8-3。

```
Model: "sequential"

_____
Layer (type)                    Output Shape              Param #
===============================================================
simple_rnn (SimpleRNN)          (None, 256)               66048

dense (Dense)                   (None, 1)                 257

===============================================================
Total params: 66,305
Trainable params: 66,305
Non-trainable params: 0
_____
```

图8-3　多因素RNN模型摘要信息

预测测试集

y_pred = model.predict(X_test)

反归一化预测结果

y_test1 = scaler.inverse_transform(y_test)

y_pred = scaler.inverse_transform(y_pred)

df1=data[train_size:]

df1['predGRP']=y_pred

display(round(df1[['GRP','predGRP']],4))

运行结果见表8-2。

表8-2　多因素RNN模型GRP预测结果

year	GRP	predGRP	year	GRP	predGRP
2018	8104.0700	7619.3169	2021	10243.3051	10099.2334
2019	8718.3000	8401.0625	2022	11201.6000	10865.3340
2020	8979.6664	8947.5537			

8.2.2　结果分析

对预测值和实际值图形化对比如下，运行结果如图8-4。

```
import matplotlib.pyplot as plt
plt.rcParams['font.family'] = 'Microsoft YaHei'
plt.figure(figsize=(8, 5))
# 绘制实际值数据
plt.plot(df1.index,df1['GRP'], 'b-',marker='s', label='实际值')
# 绘制预测值数据
plt.plot(df1.index,df1['predGRP'], marker='o',color='red',
label='预测值')
plt.legend(loc='upper left')# 添加图例
plt.ylim(bottom=7000)
plt.xticks(df1.index)
plt.show()# 显示图形
```

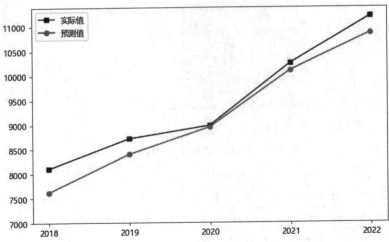

图 8-4　GRP 实际值与多因素 RNN 模型预测值对比

计算 RMSE 和 MAPE 评估模型性能：

```
# 评估模型性能
from sklearn import metrics
import numpy as np
MSE = metrics.mean_squared_error(df1['GRP'], df1['predGRP'])
RMSE=np.sqrt(MSE)
print('RMSE = ',round(RMSE,4))
MAPE=[]
for i in range(0,len(df1['predGRP'])):
    temp=np.abs(df1['predGRP'].values[i] − df1['GRP'].values[i]/
        df1['GRP'].values[i])
    MAPE.append(temp)
print('MAPE = ',round(np.mean(MAPE),4))
```

运行结果如下：

```
RMSE =306.7534
MAPE =0.0288
```

模型均方根误差（RMSE）为306.753 4，平均绝对百分比误差（MAPE）为2.88%。

8.3　单因素RNN模型预测GRP增长率

本节采用第二产业增长率单因素RNN模型预测地区生产总值增长率。

8.3.1　模型拟合和测试

```
# 导入所需的库
import pandas as pd
import numpy as np
import tensorflow as tf
```

```python
from sklearn.preprocessing import MinMaxScaler
from sklearn.model_selection import train_test_split
from sklearn.metrics import mean_squared_error
# 读取数据集
data=pd.read_excel('..\data.xls', sheet_name='data',index_col=0)
X = data['rSI'] # 时间序列特征[第二产业增长率]
y = data['rGRP']   # 目标变量[GRP增长率]
# 数据归一化
scaler = MinMaxScaler()
X_scaled = scaler.fit_transform(X.values.reshape(-1,1))
y_scaled = scaler.fit_transform(np.array(y).reshape(-1, 1))
# 划分训练集和测试集
train_size=int(len(data)*0.90)
X_train=X_scaled[:train_size]
y_train=y_scaled[:train_size]
X_test=X_scaled[train_size:]
y_test=y_scaled[train_size:]
# 转换数据为 RNN 输入格式
X_train=np.reshape(X_train,(X_train.shape[0],X_train.shape[1],1))
X_test = np.reshape(X_test, (X_test.shape[0], X_test.shape[1], 1))
# 创建 RNN 模型
model = tf.keras.models.Sequential([
        tf.keras.layers.SimpleRNN(units=256, activation='relu',
                        input_shape=(X_train.shape[1], 1)),
        tf.keras.layers.Dense(units=1)
])
```

```
# 编译模型
model.compile(optimizer='adam', loss='mean_squared_error')
# 训练模型
model.fit(X_train, y_train, epochs=100, batch_size=1)
print(model.summary())
```

模型摘要信息如图8-5。

```
Model: "sequential_9"

_____
 Layer (type)                Output Shape              Param #
=================================================================
 simple_rnn_9 (SimpleRNN)    (None, 256)               66048

 dense_9 (Dense)             (None, 1)                 257

=================================================================
Total params: 66,305
Trainable params: 66,305
Non-trainable params: 0
```

图8-5　单因素RNN模型摘要信息

```
# 预测测试集
y_pred = model.predict(X_test)
# 反归一化预测结果
y_test1 = scaler.inverse_transform(y_test)
y_pred = scaler.inverse_transform(y_pred)
df1=data[train_size:]
df1['predGRPr']=y_pred
display(round(df1[['rGRP','predGRPr']],4))
```

运行结果见表8-3。

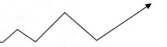

表 8-3　单因素 RNN 模型 GRP 增长率预测结果

year	rGRP	predGRPr	year	rGRP	predGRPr
2018	6.1388	5.9946	2021	6.9450	6.9151
2019	6.1510	6.2606	2022	4.5000	6.0041
2020	3.7600	6.7650			

8.3.2　结果分析

对预测值和实际值图形化对比如下，运行结果如图 8-6。

```python
import matplotlib.pyplot as plt
plt.rcParams['font.family'] = 'Microsoft YaHei'
plt.figure(figsize=(8, 5))
# 绘制实际值数据
plt.plot(df1.index,df1['rGRP'], 'b-',marker='s', label='实际值')
# 绘制预测值数据
plt.plot(df1.index,df1['predGRPr'], marker='o',color='red',
label='预测值')
plt.legend(loc='upper left')# 添加图例
plt.ylim(bottom=3,top=8)
plt.xticks(df1.index)
plt.show()# 显示图形
```

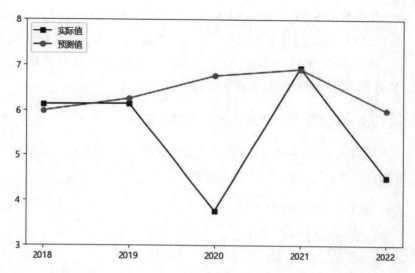

图 8-6 GRP 增长率实际值与单因素 RNN 模型预测值对比

计算 RMSE 和 MAPE 评估模型性能：

```
# 评估模型性能
from sklearn import metrics
import numpy as np
MSE=metrics.mean_squared_error(df1['rGRP'],df1['predGRPr'])
RMSE=np.sqrt(MSE)
print('RMSE = ',round(RMSE,4))
MAPE=[]
for i in range(0,len(df1['predGRPr'])):
    temp=np.abs(df1['predGRPr'].values[i]−df1['rGRP'].values[i])/
        df1['rGRP'].values[i]
    MAPE.append(temp)
print('MAPE = ',round(np.mean(MAPE),4))
```

运行结果如下：

RMSE =1.5051

MAPE =0.2358

模型均方根误差(RMSE)为 1.505 1,平均绝对百分比误差
(MAPE)为23.58%,误差率较大。

8.4 多因素RNN模型预测GRP增长率

用多因素RNN模型,以第二产业增长率和工业增长率两项指
标为特征量,预测地区生产总值增长率。

8.4.1 模型拟合和测试

```python
# 导入所需的库
import pandas as pd
import numpy as np
import tensorflow as tf
from sklearn.preprocessing import MinMaxScaler
from sklearn.model_selection import train_test_split
from sklearn.metrics import mean_squared_error
# 读取数据集
data=pd.read_excel('..\data.xls', sheet_name='data',index_col=0)
X = data[['rSI','rIndustry']] # 时间序列特征
y = data['rGRP']   # 目标变量[GRP增长率]
# 数据归一化
scaler = MinMaxScaler()
X_scaled = scaler.fit_transform(X.values)
y_scaled = scaler.fit_transform(np.array(y).reshape(-1, 1))
# 划分训练集和测试集
train_size=int(len(data)*0.90)
```

```
X_train=X_scaled[:train_size]
y_train=y_scaled[:train_size]
X_test=X_scaled[train_size:]
y_test=y_scaled[train_size:]
# 转换数据为RNN输入格式
X_train=np.reshape(X_train,(X_train.shape[0],X_train.shape[1],1))
X_test = np.reshape(X_test, (X_test.shape[0], X_test.shape[1], 1))
# 创建RNN模型
model = tf.keras.models.Sequential([
        tf.keras.layers.SimpleRNN(units=256, activation='relu',
                        input_shape=(X_train.shape[1], 1)),
        tf.keras.layers.Dense(units=1)
])
# 编译模型
model.compile(optimizer='adam', loss='mean_squared_error')
# 训练模型
model.fit(X_train, y_train, epochs=100, batch_size=1)
print(model.summary())
```

模型摘要信息如图8-7。

```
Model: "sequential_10"

_____
Layer (type)                 Output Shape              Param #
=================================================================
simple_rnn_10 (SimpleRNN)    (None, 256)               66048

dense_10 (Dense)             (None, 1)                 257

=================================================================
Total params: 66,305
Trainable params: 66,305
Non-trainable params: 0
```

图 8-7　多因素 RNN 模型摘要信息

```
# 预测测试集
y_pred = model.predict(X_test)
# 反归一化预测结果
y_test1 = scaler.inverse_transform(y_test)
y_pred = scaler.inverse_transform(y_pred)
df1=data[train_size:]
df1['predGRPr']=y_pred
display(round(df1[['rGRP','predGRPr']],4))
```

运行结果见表8-4。

表 8-4　多因素 RNN 模型 GRP 增长率预测结果

year	rGRP	predGRPr	year	rGRP	predGRPr
2018	6.1388	6.2716	2021	6.9450	7.0379
2019	6.1510	6.5127	2022	4.5000	6.3534
2020	3.7600	6.9316			

8.4.2　误差分析

对预测值和实际值图形化对比如下,运行结果如图8-8。

```
import matplotlib.pyplot as plt
plt.rcParams['font.family'] = 'Microsoft YaHei'
plt.figure(figsize=(8, 5))
# 绘制实际值数据
plt.plot(df1.index,df1['rGRP'], 'b-',marker='s', label='实际值')
# 绘制预测值数据
plt.plot(df1.index,df1['predGRPr'], marker='o',color='red',
label='预测值')
plt.legend(loc='upper left')# 添加图例
plt.ylim(bottom=1,top=10)
plt.xticks(df1.index)
plt.show()# 显示图形
```

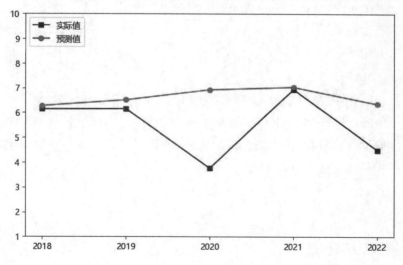

图8-8　GRP增长率实际值与多因素RNN模型预测值对比

计算RMSE和MAPE评估模型性能：

```
# 评估模型性能
from sklearn import metrics
import numpy as np
MSE=metrics.mean_squared_error(df1['rGRP'], df1['predGRPr'])
RMSE=np.sqrt(MSE)
print('RMSE = ',round(RMSE,4))
MAPE=[]
for i in range(0,len(df1['predGRPr'])):
    temp=np.abs(df1['predGRPr'].values[i] - df1['rGRP'].values
[i])/
            df1['rGRP'].values[i]
    MAPE.append(temp)
print('MAPE = ',round(np.mean(MAPE),4))
```

运行结果如下：

```
RMSE =1.6523
MAPE =0.2698
```

模型均方根误差（RMSE）为 1.652 3，平均绝对百分比误差（MAPE）为 26.98%，采用多因素 RNN 模型后，对 GRP 增长率的预测准确性并没有提升。估计原因是加入的第二项特征量与预测目标的相关性更低。

9　长短期记忆网络LSTM

　　长短期记忆网络（Long Short-Term Memory，LSTM）是一种循环神经网络（RNN）变体，主要解决传统RNN在处理长序列数据时遇到的梯度消失和梯度爆炸问题。在传统的RNN中，信息通过一个隐藏状态在网络中循环传递，但当这个序列变得非常长时，由于反向传播过程中连续乘以递归权重矩阵，可能导致学习到的梯度要么快速衰减至几乎为零（梯度消失），要么增长至无穷大（梯度爆炸），这都会严重影响模型的学习能力，特别是在捕捉长期依赖关系时。LSTM引入特殊的"记忆细胞"以及"门控机制"来克服这些问题，包括：

　　（1）输入门（Input Gate）：决定什么信息将被存储到细胞状态中。

　　（2）遗忘门（Forget Gate）：决定上一时间步哪些信息应当从细胞状态中丢弃。

　　（3）输出门（Output Gate）：决定当前时间步应基于细胞状态输出什么信息。

　　细胞状态允许信息直接流过不受任何非线性影响，从而跨越较长时间跨度保留重要信息。通过灵活地控制输入、更新和输出细胞状态的内容，LSTM能够在训练过程中更有效地捕获并利用长期依赖关系。

LSTM已经广泛应用于各种序列预测任务中,如自然语言处理(NLP)、语音识别、机器翻译、音乐生成、视频分析、生物医学信号分析、时间序列预测等领域。

以下基于甘肃省1978—2022年GRP数据,采用LSTM模型进行拟合预测。

9.1 LSTM 模型预测 GRP

9.1.1 数据预处理

```
# 导入所需库
import numpy as np
from keras.models import Sequential
from keras.layers import LSTM, Dense
from sklearn.preprocessing import MinMaxScaler
from sklearn.metrics import mean_squared_error
import pandas as pd
df=pd.read_excel('..\data.xls',sheet_name='data',index_col=0)
df=df[['GRP']]
# 数据预处理,将数据归一化到0~1
scaler = MinMaxScaler(feature_range=(0,1))
df_scaled = scaler.fit_transform(df)
train_size=int(len(df)*0.80)
train_data,test_data = df_scaled[:train_size,:],
df_scaled[train_size:len(df_scaled),:]
# 将数据转换为LSTM所需的格式 (samples, time steps,
features)
def create_dataset(dataset,look_back=1):
```

```
    dataX,dataY = [],[]
    for i in range(len(dataset)−look_back−1):
        a = dataset[i:(i+look_back),0]
        dataX.append(a)
        dataY.append(dataset[i + look_back,0])
    return np.array(dataX),np.array(dataY)
look_back = 2# 回看步长
trainX,trainY = create_dataset(train_data,look_back)
testX,testY = create_dataset(test_data,look_back)
trainX = np.reshape(trainX,(trainX.shape[0],1,trainX.shape[1]))
testX = np.reshape(testX,(testX.shape[0],1,testX.shape[1]))
```

9.1.2　模型拟合

```
# 创建并编译LSTM模型
model = Sequential()
model.add(LSTM(50,input_shape=(1,look_back)))# LSTM层节点
数可调整
model.add(Dense(1))# 输出层,因为我们是在做回归预测
model.compile(loss='mean_squared_error',optimizer='adam')
# 训练模型
model.fit(trainX,trainY,epochs=100,batch_size=1,verbose=2)
print(model.summary())
```

模型摘要信息如图9-1。

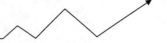

```
Model: "sequential_17"

_____
Layer (type)                 Output Shape              Param #
=================================================================
lstm_17 (LSTM)               (None, 50)                10600

dense_17 (Dense)             (None, 1)                 51

=================================================================
Total params: 10,651
Trainable params: 10,651
Non-trainable params: 0
```

图9-1　LSTM模型摘要信息

9.1.3　模型测试

```
# 预测
trainPredict = model.predict(trainX)
testPredict = model.predict(testX)
# 反归一化预测结果
trainPredict = scaler.inverse_transform(trainPredict)
trainY = scaler.inverse_transform([trainY])
testPredict = scaler.inverse_transform(testPredict)
testY = scaler.inverse_transform([testY])
df1=df[-len(testPredict):]
df1['predGRP']=testPredict
display(round(df1[['GRP','predGRP']],4))
```

运行结果见表9-1。

表9-1 LSTM模型GRP预测结果

year	GRP	predGRP	year	GRP	predGRP
2017	7336.7400	8361.5273	2020	8979.6664	9972.1494
2018	8104.0700	8620.4434	2021	10243.3051	10935.9033
2019	8718.3000	9154.7549	2022	11201.6000	11555.9531

9.1.4 结果分析

对预测值和实际值图形化对比如下,运行结果如图9-2。

```
import matplotlib.pyplot as plt
plt.rcParams['font.family'] = 'Microsoft YaHei'
plt.figure(figsize=(8,5))
# 绘制实际值数据
plt.plot(df1.index,testY.reshape(-1,1),'b-',marker='s',label='实
际值')
# 绘制预测值数据
plt.plot(df1.index,testPredict.reshape(-1,1),marker='o',color=
'red',label='预测值')
plt.ylim(bottom=6000)
plt.xticks(df1.index)
plt.legend(loc='upper left')# 添加图例
plt.show()# 显示图形
```

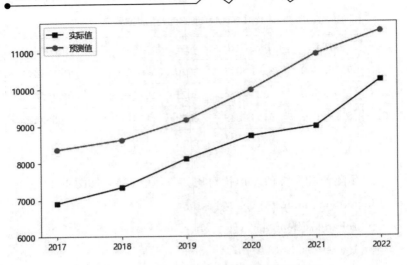

图9-2　GRP 实际值与 LSTM 模型预测值对比

计算 RMSE 和 MAPE 评估模型性能：

```
# 评估模型性能
from sklearn import metrics
import numpy as np
MSE = metrics.mean_squared_error(df1['GRP'],df1['predGRP'])
RMSE=np.sqrt(MSE)
print('RMSE = ',round(RMSE,4))
MAPE=[]
for i in range(0,len(df1['predGRP'])):
    temp=np.abs(df1['predGRP'].values[i] − df1['GRP'].values[i])/
        df1['GRP'].values[i]
    MAPE.append(temp)
print('MAPE = ',round(np.mean(MAPE),4))
```

运行结果如下：

RMSE =718.5175

MAPE =0.0772

模型均方根误差（RMSE）为718.517 5，平均绝对百分比误差（MAPE）为7.72%。

9.2　LSTM模型预测GRP增长率

基于甘肃省1978—2022年GRP增长率数据，采用LSTM模型进行拟合预测。

9.2.1　模型拟合和测试

```
# 导入所需库
import numpy as np
fromkeras.models import Sequential
fromkeras.layers import LSTM,Dense
fromsklearn.preprocessing import MinMaxScaler
fromsklearn.metrics import mean_squared_error
# 读取数据集
import pandas as pd
df=pd.read_excel('..\data.xls',sheet_name='data',index_col=0)
df=df[['rGRP']]#[10:]
# 数据预处理,将数据归一化到0~1
scaler=MinMaxScaler(feature_range=(0,1))
df_scaled=scaler.fit_transform(df)
train_size=int(len(df)*0.80)
train_data,test_data=df_scaled[:train_size,:],
df_scaled[train_size:len(df_scaled),:]
# 将数据转换为LSTM所需的格式 (samples, time steps, fea
```

```
tures)
def create_dataset(dataset,look_back=1):
dataX,dataY=[],[]
for i in range(len(dataset)-look_back-1):
a=dataset[i:(i+look_back),0]
dataX.append(a)
dataY.append(dataset[i+look_back,0])
returnnp.array(dataX),np.array(dataY)
# 创建并编译 LSTM 模型
model=Sequential()
model.add(LSTM(50,input_shape=(1,look_back)))# LSTM 层节点
数可调整
model.add(Dense(1))# 输出层，因为我们是在做回归预测
model.compile(loss='mean_squared_error',optimizer='adam')
# 训练模型
model.fit(trainX,trainY,epochs=20,batch_size=8,verbose=2)
print(model.summary())
```

模型摘要信息如图 9-3。

```
Layer (type)              Output Shape              Param #
========================================================================
lstm_124 (LSTM)           (None, 50)                10800


Layer (type)              Output Shape              Param #
========================================================================
lstm_124 (LSTM)           (None, 50)                10800

dense_124 (Dense)         (None, 1)                 51


========================================================================
Total params: 10,851
Trainable params: 10,851
Non-trainable params: 0
```

图9-3　LSTM模型摘要信息

```
# 预测
trainPredict=model.predict(trainX)
testPredict=model.predict(testX)
# 反归一化预测结果
trainPredict=scaler.inverse_transform(trainPredict)
trainY=scaler.inverse_transform([trainY])
testPredict=scaler.inverse_transform(testPredict)
testY=scaler.inverse_transform([testY])
df1=df[-len(testPredict):]
df1['predGRPr']=testPredict
display(round(df1[['rGRP','predGRPr']],4))
```

运行结果见表9-2。

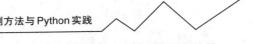

表9-2　LSTM模型GRP增长率预测结果

year	rGRP	predGRPr	year	rGRP	predGRPr
2018	6.1388	6.8755	2021	6.9450	5.0794
2019	6.1510	5.7383	2022	4.5000	5.0482
2020	3.7600	5.1021			

9.2.2　结果分析

对预测值和实际值图形化对比如下,运行结果如图9-4。

```python
import matplotlib.pyplot as plt
plt.rcParams['font.family']='Microsoft YaHei'
plt.figure(figsize=(8,5))
# 绘制实际值数据
plt.plot(df1.index,df1['rGRP'],'b-',marker='s',label='实际值')
# 绘制预测值数据
plt.plot(df1.index,df1['predGRPr'],marker='o',color='red',
label='预测值')
plt.legend(loc='upper left')# 添加图例
plt.xticks(df1.index)
plt.show()# 显示图形
```

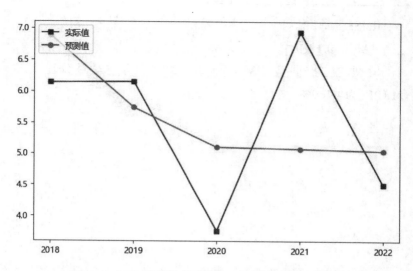

图9-4　GRP增长率实际值与LSTM模型预测值对比

计算RMSE和MAPE评估模型性能：

```
# 评估模型性能
from sklearn import metrics
import numpy as np
MSE=metrics.mean_squared_error(df1['rGRP'],df1['predGRPr'])
RMSE=np.sqrt(MSE)
print('RMSE = ',round(RMSE,4))
MAPE=[]
for i in range(0,len(df1['predGRPr'])):
    temp=np.abs(df1['predGRPr'].values[i]-df1['rGRP'].values[i])/
        df1['rGRP'].values[i]
    MAPE.append(temp)
print('MAPE = ',round(np.mean(MAPE),4))
```

运行结果如下：

RMSE =1.1221

MAPE =0.1869

模型均方根误差（RMSE）为 1.122 1，平均绝对百分比误差（MAPE）为 18.69%。

10 门控循环单元GRU

门控循环单元（Gated Recurrent Unit, GRU）是一种循环神经网络（RNN）变体，与传统的RNN和长短期记忆网络（LSTM）相似，GRU主要用于处理序列数据，通过在时间步上捕捉长期依赖关系来提高模型性能。GRU引入了"门控机制"赋予模型动态选择性地保留或遗忘历史信息的能力，从而有效地在时间序列的不同步长之间捕捉并传递有价值的信息。GRU包含更新门和重置门两个核心组件，分别控制信息流的更新与清除，使得模型能够在处理连续输入时既能关注近期的关键细节又能捕获远距离的上下文关联，进而提升模型对于复杂序列模式的学习和预测能力。

重置门和更新门两种门结构可以有效控制信息的流动，重置门决定前一时刻隐藏状态有多少信息需要被丢弃，以便于在当前时刻接收新输入的信息；更新门决定前一时刻隐藏状态有多少信息需要被保留并传递到当前时刻的隐藏状态。通过结合这两个门控机制，GRU能够在不增加额外复杂性的情况下，有效地解决传统RNN在训练过程中可能出现的梯度消失或梯度爆炸问题，更好地捕捉时间序列中的长期依赖关系。GRU比LSTM结构更简单、计算量更少，性能与LSTM相当甚至某些情形下更好。GRU在自然语言处理、语音识别、机器翻译、时间序列预测等领域展现出了强大的优势。

以下基于甘肃省1978—2022年GRP数据，采用GRU模型进行拟合预测。

10.1 GRU 模型预测 GRP

10.1.1 模型拟合

```python
# 导入所需库
import numpy as np
import pandas as pd
from keras.models import Sequential
from keras.layers import Dense, GRU
from sklearn.preprocessing import MinMaxScaler
from sklearn.model_selection import train_test_split
# 数据预处理
df=pd.read_excel('../data.xls', sheet_name='data',index_col=0)
# 数据归一化到 0~1
scaler = MinMaxScaler(feature_range=(0, 1))
grp_fit = scaler.fit_transform(df['GRP'].values.reshape(-1,1))
# 划分训练集和测试集
train_size=int(len(grp_fit)*0.90)
x_train=grp_fit[:train_size]
x_test=grp_fit[train_size:]
# 将数据转化为适合 RNN 输入的 3D 形式
x_train = np.reshape(x_train, (x_train.shape[0], 1, x_train.shape[1],1))
x_test = np.reshape(x_test, (x_test.shape[0], 1, x_test.shape[1],1))
# 定义 GRU 模型
model = Sequential()
```

```
model.add(GRU(units=50,return_sequences=True,input_shape=
(1,x_train.shape[2])))
model.add(GRU(units=50))
model.add(Dense(1))
# 编译模型
model.compile(loss='mean_squared_error', optimizer='adam')
# 训练模型
model.fit(x_train, x_train[:, -1], epochs=100, batch_size=1, ver
bose=2)
model.summary()
```

模型摘要信息如图 10-1。

```
Model: "sequential"


Layer (type)                    Output Shape              Param #
=================================================================
gru (GRU)                       (None, 1, 50)             7950

gru_1 (GRU)                     (None, 50)                15300

dense (Dense)                   (None, 1)                 51


=================================================================
Total params: 23,301
Trainable params: 23,301
Non-trainable params: 0
```

图 10-1 GRU 模型摘要信息

10.1.2 模型测试

```
# 预测
predict = model.predict(x_test)
predict = scaler.inverse_transform(predict)
# 打印预测结果
```

```
df1=df[train_size:]
df1['predGRP']=predict
display(round(df1[['GRP','predGRP']],4))
```

运行结果见表10-1。

表 10-1　GRU 模型 GRP 预测结果

year	GRP	predGRP	year	GRP	predGRP
2018	8104.0700	8080.7202	2021	10243.3051	10175.3096
2019	8718.3000	8685.2451	2022	11201.6000	11102.4639
2020	8979.6664	8941.7734			

10.1.3　结果分析

对预测值和实际值图形化对比如下，运行结果如图10-2。

```
import matplotlib.pyplot as plt
plt.rcParams['font.family'] = 'Microsoft YaHei'
plt.figure(figsize=(8, 4))
# 绘制实际值数据
plt.plot(df1.index, df1['GRP'], 'b-',marker='s', label='实际值')
# 绘制预测值数据
plt.plot(df1.index, df1['predGRP'], marker='o',color='red',
label='预测值')
plt.ylim(bottom=8000)
plt.xticks(df[train_size:].index)
plt.legend(loc='lower right')# 添加图例
plt.show()# 显示图形
```

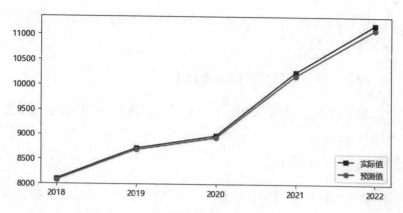

图 10-2　GRP 实际值与 GRU 模型预测值对比

计算 RMSE 和 MAPE 评估模型性能：

```
# 评估模型性能
from sklearn import metrics
import numpy as np
MSE = metrics.mean_squared_error(df1['GRP'], df1['predGRP'])
RMSE=np.sqrt(MSE)
print('RMSE = ',round(RMSE,4))
MAPE=[]
for i in range(0,len(df1['predGRP'])):
    temp=np.abs(df1['predGRP'].values[i] - df1['GRP'].values[i])/
        df1['GRP'].values[i]
    MAPE.append(temp)
print('MAPE = ',round(np.mean(MAPE),4))
```

运行结果如下：

```
RMSE =59.2032
MAPE =0.0053
```

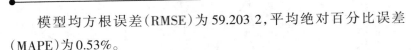

模型均方根误差（RMSE）为 59.203 2，平均绝对百分比误差（MAPE）为 0.53%。

10.2 GRU 模型预测 GRP 增长率

基于甘肃省 1978—2022 年 GRP 增长率数据，采用 GRU 模型进行拟合预测。

10.2.1 模型拟合

```python
# 导入所需库
import numpy as np
import pandas as pd
from keras.models import Sequential
from keras.layers import Dense, GRU
from sklearn.preprocessing import MinMaxScaler
from sklearn.model_selection import train_test_split
# 数据预处理
df=pd.read_excel('../data.xls',sheet_name='data',index_col=0)
# 数据归一化到 0~1
scaler = MinMaxScaler(feature_range=(0,1))
grp_fit = scaler.fit_transform(df['rGRP'].values.reshape(-1,1))
# 划分训练集和测试集
train_size=int(len(grp_fit)*0.90)
x_train=grp_fit[:train_size]
x_test=grp_fit[train_size:]
# 将数据转化为适合 RNN 输入的 3D 形式
x_train = np.reshape(x_train,(x_train.shape[0],1,x_train.shape[1],
1))
```

```
x_test = np.reshape(x_test,(x_test.shape[0],1,x_test.shape[1],1))
# 定义GRU模型
model = Sequential()
model.add(GRU(units=50,return_sequences=True,input_shape=(1,x_train.shape[2])))
model.add(GRU(units=50))
model.add(Dense(1))
# 编译模型
model.compile(loss='mean_squared_error',optimizer='adam')
# 训练模型
model.fit(x_train,x_train[:, -1],epochs=100,batch_size=2,verbose=3)
model.summary()
```

模型摘要信息如图10-3。

```
Model: "sequential_4"

_____
Layer (type)                 Output Shape              Param #
================================================================
gru_8 (GRU)                  (None, 1, 50)             7950

gru_9 (GRU)                  (None, 50)                15300

dense_4 (Dense)              (None, 1)                 51

================================================================
Total params: 23,301
Trainable params: 23,301
Non-trainable params: 0
```

图10-3　GRU模型摘要信息

10.2.2 模型测试

```
# 预测
predict = model.predict(x_test)
predict = scaler.inverse_transform(predict)
# 打印预测结果
df1=df[train_size:]
df1['predGRPr']=predict
display(round(df1[['rGRP','predGRPr']],4))
```

运行结果见表10-2。

表10-2 LSTM模型GRP增长率预测结果

year	rGRP	predGRPr	year	rGRP	predGRPr
2018	6.1388	6.0460	2021	6.9450	6.8621
2019	6.1510	6.0584	2022	4.5000	4.3934
2020	3.7600	3.6502			

10.2.3 结果分析

对预测值和实际值图形化对比如下,运行结果如图10-4。

```
import matplotlib.pyplot as plt
plt.rcParams['font.family'] = 'Microsoft YaHei'
plt.figure(figsize=(8,4))
# 绘制实际值数据
plt.plot(df1.index,df1['rGRP'],'b-',marker='s',label='实际值')
# 绘制预测值数据
plt.plot(df1.index,df1['predGRPr'],marker='o',color='red',
label='预测值')
plt.xticks(df[train_size:].index)
```

```
plt.legend(loc='lower right')# 添加图例
plt.show()# 显示图形
```

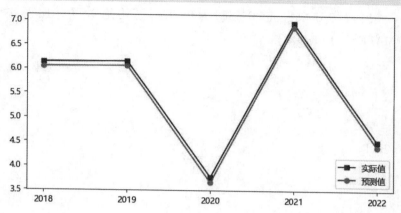

图 10-4   GRP 增长率实际值与 GRU 模型预测值对比

计算 RMSE 和 MAPE 评估模型性能：

```
# 评估模型性能
from sklearn import metrics
import numpy asnp
MSE = metrics.mean_squared_error(df1['rGRP'],df1['predGRPr'])
RMSE=np.sqrt(MSE)
print('RMSE = ',round(RMSE,4))
MAPE=[]
for i in range(0,len(df1['predGRPr'])):
    temp=np.abs(df1['predGRPr'].values[i]-df1['rGRP'].values[i])/
        df1['rGRP'].values[i]
    MAPE.append(temp)
print('MAPE = ',round(np.mean(MAPE),4))
```

运行结果如下：

RMSE =0.0974

MAPE =0.019

模型均方根误差(RMSE)为0.0974,平均绝对百分比误差(MAPE)为1.9%。